ZHONGWAI TUIXIU ZHIDU GAISHU

中外退休制度概述

孙　乐　谢春花　著

国家图书馆出版社

图书在版编目（CIP）数据

中外退休制度概述／孙乐，谢春花著.—北京：
国家图书馆出版社，2023.7
ISBN 978－7－5013－7835－7

Ⅰ.①中…　Ⅱ.①孙…②谢…　Ⅲ.①退休—劳动制
度—研究—世界　Ⅳ.①F249.1

中国国家版本馆 CIP 数据核字（2023）第 136588 号

书　　　名　中外退休制度概述
著　　　者　孙　乐　谢春花
责任编辑　王　雷
封面设计　耕者设计工作室

出版发行　国家图书馆出版社（北京市西城区文津街 7 号　100034）
　　　　　（原书目文献出版社　北京图书馆出版社）
　　　　　010－66114536　63802249　nlcpress@nlc.cn（邮购）
网　　　址　http://www.nlcpress.com
排　　　版　北京金书堂文化发展有限公司
印　　　装　北京武英文博科技有限公司
版次印次　2023 年 7 月第 1 版　2023 年 7 月第 1 次印刷

开　　　本　710×1000　1/16
印　　　张　13.5
字　　　数　180 千字
书　　　号　ISBN 978－7－5013－7835－7
定　　　价　60.00 元

序　言

按照国际标准，中国当前已处于老龄社会，且处于高速发展时期，人口老龄化进程明显加快。截至2022年年底，我国60岁及以上人口有28004万人，占总人口比重19.8%，整体规模庞大。近年来，与人口老龄化形势相对应，提高法定退休年龄、渐进式延迟退休成为我国社会的热门话题，很多人都在关心延迟退休是否会影响到自己的生活。

"退休"一词最早见于唐代韩愈《复志赋·序》"退休于居"。《宋史·韩赟传》也有"退休十五年，谢绝人事，读书赋诗以自娱"的说法。大意是指从官场归隐，赋闲在家，颐养天年。中国古代官员退休通常叫作"致仕"。官员退休制度从商周时已见端倪，甲骨文中即有太宰伊尹在协助太甲恢复王位以后，致政告老还乡的记载。致仕在汉朝形成了较为系统的制度，凡是达到一定官阶和年龄的官吏由皇帝恩赐俸禄，告老回家休养。致仕制度在唐、宋、明、清等朝代得到进一步发展完善，至民国成立而终结。

退休制度不仅关乎个人，还与国家的发展息息相关。现代退休制度起源于英国的工业革命，体现了人类文明发展的经验与智慧，是工业社会教育、就业、退休三阶段生命历程中不可或缺的一环。制度演变与制度制定的宏观环境有密切联系。1949年以后，我国退休制度经历了初创、完善、停滞、发展、改革等阶段。在制度变迁过程中受到了哪些因素的影响？对未来我国退休制度改革又有哪些启发？将起到什么作用？都值得深思。本书对我国退休制度的演变历程进行了系统回顾，同时梳理了我国港澳地区以及英、美、德、法、俄、日等国家的退休制度，通过对国内外退休年龄、退休金给付法律保障、退休权法律救济等内容的分析，为我国退休制度的改革提供思考。

学界对退休制度的研究多从历史学角度出发，如学者沈星棣教授撰写的《中国古代官吏退休制度史》，以王朝体系分章立节，梳理出我国古代官吏退休制度演变的脉络。学者谢宪在《古代致仕和告老还乡》一文中认为，中国长期以来是"官本位"之国，各项政治制度的设置，基本上是围绕各级官员进行，所以古代退休制度主要就是官员的退休制度。当前，随着中国步入老龄社会，信息化加速发展和产业结构优化升级，再加上老年人口质量不断提高，低龄老年人大多具有知识、经验、技能优势，整个社会对工作与退休的诉求也在发生改变。在退休制度改革提到国家重要议事日程的背景下，只有对退休制度的结构、要素、实践形式等有一个宏观把握，尽量实现科学、全面、准确的理解，才能更好地回应社会关切。

我曾担任国家图书馆离退休干部处处长，现已退休，深知老同志对退休返聘、延迟退休、养老金调整等退休相关制度的关注。本书出版对老干部工作同行开阔视野、熟悉老干部退休制度脉络、了解老同志心理、做好新时代老干部工作，也会有所裨益。

孙乐、谢春花两位同志在离退休干部处与我搭档共事多年，潜心老干部工作。听闻其专著出版，我很是欣喜，应邀为其作序。受限于本人学识能力，草草数言，难免挂一漏万。不足之处，恳请方家斧正。是为序。

张艳霞

2023 年 3 月

目　录
CONTENTS

图目录

表目录

导言 退休的概念

人生没有不散的宴席，工作也不例外，随着时光的流逝，我们不得不对它说再见。年龄大了，从工作岗位上退下来，是顺理成章的事。从某种意义上说，退休是减负，是宽心，是一种很自然、很合理也很惬意的事情；退休是人生另一阶段的开始，是绝大多数人都会经历的人生历程，所以应该勇敢地去面对。

"老骥伏枥，志在千里。烈士暮年，壮心不已。""老当益壮，宁移白首之心。""不用名山访真诀，退休便是养生方。""眼前流水自悠悠，歇卧偷闲恋绿畴。笑看金笼牵鼻去，等闲落得用鞭抽。"这些脍炙人口、妙趣横生的"退休诗"，展现了人们退休后心态平和、享受生活、颐养天年、夕阳无限好的美好生活。

《中国大百科全书》（第一版）中将退休和离休统称为"离退休"，定义为："老年劳动者达到规定的年龄、工龄等条件后脱离工作，享受社会保险和劳动补偿性质的养老待遇和权益的一种制度及由此而产生的社会行为。"离休的全称是"离职休养"，1978年正式作为一项制度建立，是我国对符合规定条件的老干部所实行的一种特定的退休制度。

现行的退休制度是工业社会的产物，产生原因可以归纳为三点：一是随着工业革命的兴起，人的寿命逐渐延长，老年人占比越来越高；二是现代工业社会生产力逐渐提高，有能力赡养日益增长的非劳动力老年人口；三是社会保险或社会保障制度的出现为退休人员提供了生活保障。

西方国家中关于对老年人丧失工作能力后给予救助的法令可以追溯至 1889 年德国颁布的《老年、残疾及死亡救济法》。随着工业化和社会的快速发展，世界各国先后制定了某种范围内的社会保险或社会保障制度，以保障目标人群的基本生活。而退休制度就是包括在社会保险和社会保障制度之内，用于保障退休人员的老年生活。

中国古代称退休为"致仕"，有官吏的致仕规定，致仕有很多种称谓。致仕制度开始于两汉时期，以后历代略有变化及完善，规定凡是达到一定官阶和年龄的官吏均可告老回家休养，皇帝恩赐俸禄。1911 年辛亥革命后，封建的致仕制度结束。1943 年，中华民国时期国民政府曾公布过具有现代社会保障制度性质的《公务员退休法》。

中华人民共和国成立后，1951 年 2 月政务院公布的《中华人民共和国劳动保险条例》中，有养老待遇的规定；1978 年 6 月颁布实施的《国务院关于安置老弱病残干部的暂行办法》，首次将"离职休养、工资照发"作为特殊的退休制度确定下来；1980 年 10 月第五届全国人民代表大会常务委员会颁布实施《国务院关于老干部离职休养的暂行规定》；1982 年 2 月，中共中央做出《关于建立老干部退休制度的决定》，标志着我国干部离退休制度的正式建立。离退休是人们生活中较重大的变化和转折，依个人的性格、文化、能力、身体、家庭状况、社会环境等诸多条件，将会有不同的适应过程①。

近现代退休制度于 19 世纪中叶在英、美等国家建立。第二次世界大战以前，西方国家的退休制度主要表现为实行由政府部分自营的各种年金制度；战后，由于政府退休金负担日增，各国相继改为由保

---

① 中国大百科全书（第一版）[DB/OL].［2021-01-21］. http://h.bkzx.cn.

险机构专营的社会保险制度；有些国家（如美国）的退休制度表现为兼有社会保险制度和年金制度。

退休条件一般有：

（一）年龄条件，即达到退休的最高年龄。凡具备了法定的最低退休条件之后可申请"自愿退休"；凡已达到最高年龄而必须退休的称为"强制退休"。各国规定的退休年龄一般为60—65岁，特殊情况经批准可"延迟退休"或提前"命令退休"。

（二）工龄条件，即工作年数达到的年限。只有工作达到一定年限才能享有退休金。各国规定的工龄条件各不相同，如美国为5年、法国为15年。有些国家在工龄条件外又规定了最低的投保年限[①]。

《简明老年学辞典》中对退休的定义是："指经济活动人口达到一定年龄终止其职业活动或丧失劳动能力退出劳动市场后继续获得收入的现代化独特现象。"退休是从中年转入老年的一个重要里程碑，也是人生的一个重要转折点，标志着劳动生涯的结束和闲居生活的开始。退休是一种社会产物，产生的条件主要是人的寿命延长、经济的发展、社会的进步和社会公共福利事业的发展。除此之外，与人们的年龄、社会地位、职业、家庭背景、工作环境以及受教育程度也有很大关系。各国关于退休年龄没有统一的规定，均根据生产率高低、劳动力需求以及社会经济因素对退休时机的影响确定退休年龄[②]。

"退休"二字在中国出现得很早，其表达的含义在古代文献中可以找到不同的答案。

（一）退休，意思是"辞职休息"

例一：宋苏轼《与程懿叔二首》："此虽暂病，亦欲渐为退休之计耳！"

---

① 中国大百科全书（第二版）［DB/OL］．［2021 - 01 - 21］. http：//h. bkzx. cn.
② 贾岩. 简明老年学辞典［M］. 北京：中国商业出版社，1990：573.

例二：明陈铨："胡拱辰退休十余年，生平清操如一日，乞加礼异，以励臣节。"

（二）退休，意思是"退朝休息"

例一：宋司马光《春日书寄东郡诸同舍》："公庭退休射堂饮，水沈（深）绿李浮甘瓜。"

例二：明彭时《彭文宪公笔记》："藏《三朝实录》副本，尽前楹设凳，东西坐，余四间皆后列书柜，隔前楹为退休所。"

（三）退休，意思是"退兵休战"

例：清唐甄《潜书》："有自完之心者，必亡；为退休之计者，必破。"

（四）退休，今指"干部、职工到达规定年龄时，离开工作岗位，由国家供给生活费用"

《中华人民共和国宪法》第四十四条规定："国家依照法律规定实行企业事业组织的职工和国家机关工作人员的退休制度。退休人员的生活受到国家和社会的保障。"

退休制度是指国家制定并颁布实行的关于退休方式、退休条件、退休待遇、退休安置管理等方面法律法规内容的总称。人们工作到一定年限或一定年龄后停止工作，退出公职，与此同时，能得到一定数额的退休金作为对其在职期间服务的报酬和维持本人及家庭今后生活的经济资助。至今，随着社会的进步、工业的发展，大多数国家都建立了某种范围的社会保障制度或社会保险制度①。

---

① 韩玉敏．新编社会学辞典［M］．北京：中国物资出版社，1995：533.

第一章　我国古代退休制度

我国古代称退休为"致仕","仕"就是"仕官、做官","致仕"就是归还官位的意思,意为将官位交还君主。它起源于商,成制于汉。

"致仕"二字,最早出现在西周。周朝官员退休后,卿大夫致仕之后称"国老",一般官吏致仕之后称"庶老"。《周礼·王制》说:"周人养国老于东胶,养庶老于虞庠,虞庠在国之西郊。"《礼记·曲礼》中说:"大夫七十而致仕。"这个时候虽然已经有了"致仕"的提法,但是并没有形成完备的制度。因为到春秋时期结束以前,中国还是奴隶制社会,官员们大都是由君主的亲属充任,大家都是靠血缘来世袭当官的,贵族们终身享受优待,所以就没有"致仕"的必要了。

战国时期又将"致仕"称为"归老"。比如《史记·白起王翦列传》中记载:"王翦言不用,因谢病,归老于频阳。"公元前221年,秦始皇扫平六国,一统天下。因为许多官员都是通过战功提拔上来的,不是终身制,"致仕"才有了形成制度的土壤。由于秦朝存在的时间短暂,且多处于纷飞的战火之中,因而很多史料都不可考了。从汉朝起,官吏的致仕、休假开始形成一定的制度,休假曰"告",有"预告"和"赐告";至于致仕,一般官吏和高官均可致仕。到了唐代,才正式有了"退休"一词,官员的养老、致仕制度得到进一步完备。

退休制度是我国古代官僚制度的一个重要组成部分。古代官吏退休需要达到一定的年龄条件，西周是"大夫七十而致仕"，后来的汉、唐、宋、元等朝代是基本实行七十而致仕的规定，但到了明清两朝则将致仕年龄提前。到达退休年龄之前也可以提前退休，如唐朝规定"老病不堪厘务者，与致仕"，意思是说官员如果身染疾病或者受伤，虽然没有到达退休年龄也可以退休请俸；元朝规定"若年未及，委有疾病，自愿致仕者，听"；明朝规定"老疾不能任事者，皆令冠带致仕"。可见，在我国古代，官吏主动辞去官职、提前告老还乡也是退休制度允许的。

退休有致仕、致事、致政、休致、悬车、告老、请老、移病、解冠、挂冠、乞退、乞归、归隐、告归、解官、休官、乞骸骨、赐骸骨等不同的称谓，都可以在古籍中看到。

一、唐代退休制度

唐代以前是没有"退休"一词的，"退休"一词最早见于唐代文献典籍，唐代韩愈在《复志赋·序》中写道："退休于居，作《复志赋》。"

在唐代，退休制度作为官僚制度的重要组成部分，有着一套较为完善的运行模式。由于退休制度的推行，新老官员之间进行着新陈代谢，有力地保证了国家机器的正常运转，促进了政治、经济的不断进步。

《大唐令》明文规定："诸职事官七十听致仕。"但是，唐开元二十五年（737）玄宗又下诏："老病不堪厘务者，与致仕。"也就是说，这时的退休制度除了"诸职官及七十，精力衰耗，例行致仕"外，对那些虽然不到退休年龄但患有疾病或者身体受伤的官员，也准许退休。

唐代退休制度有以下几个特点：

第一，退休年龄比较灵活。

唐代官员的退休年龄，基本沿袭了"七十而致仕"的规定，但并不是强制要求70岁退休，《唐会要》中记载："年七十以上，应致仕，若齿力未衰，亦听厘务。"

可见，唐代的退休年龄是比较灵活的，除了年龄，还要看健康状况与政绩。通常，对身体好的官员可以延长任职时间；政绩显赫的官员，70 岁以上也可以继续任职；年老体衰及政绩庸碌者，则要求他们提前退休。

唐代统治者在官员退休年龄规定上的灵活性，使得 70 岁才退休的官员为数甚少。从史料记载来看，唐代绝大多数官员都不是 70 岁退休，有的提前了，有的推后了。后来成为传说中的"托塔李天王"的李靖，60 岁时就以足疾为由申请病退；"门神"尉迟敬德，50 岁就退休了。唐代也有很多高官到了 70 岁还不愿退休，比如贺知章 86 岁才告老还乡，写下了著名的《回乡偶书》；武则天时的宰相苏良嗣、唐懿宗时的卢龙节度使张允伸都是在耄耋之年才决定辞官的。

根据新旧《唐书》记载，很多的官员年过七十仍受重用，如唐太宗时的虞世南、唐高宗时的许敬宗、唐玄宗时的杨慎矜、唐代宗时的郭子仪、唐宪宗时的杜佑、唐武宗时的王起等。这种现象也导致唐代官员致仕规定在实际执行时随意性较大，官员往往不按期致仕，也容易形成不退之风。从这个角度来说，唐代致仕制度还不够成熟。

第二，退休高官待遇丰厚。

为了酬劳官员一生对朝廷和国家的贡献，唐代予以退休官员的待遇十分优厚，有政治方面的待遇，也有经济方面的待遇，但这些待遇一般只针对五品以上高级官员。

在政治待遇上，唐代允许退休官员参政议政。唐代退休官员在每月初一日和十五日的朝觐时，行立序位高于在职官员，这个规定，一方面是为了让经验丰富的老臣对国家建设继续出谋献策，发挥顾问作用；另一方面也是为了显示朝廷对他们的尊重。声望极高的官员退休时，仪式也很庄重。贺知章告老还乡时，唐玄宗亲自饯行，并令六卿百官设帐长安青门。政治上的优待激发了元老们的参政热情，他们在退休后仍然关心国家大事。比如魏徵退休后，还经常向唐太宗表达自己对政事的看法；李靖退休后，唐太宗也允许他参议政事。

在经济待遇上，唐代退休官员依级别而定。唐代前期曾规定："诸事官年七十，五品以上致仕者各给半禄。"也就是说，五品以上的退休官员，享受原俸禄一半的待遇。此外，生活困难者还可申请补助。新皇帝即位、郊祀等国家大典时，退休官员也能获得一定的赏赐。

那么六品以下官员的退休待遇是怎样的呢？《唐会要》记载："天宝九载三月二十三日敕：如闻六品以下致仕官，四载之后，准各并停。念其衰老，必籍安存，岂限其高卑，而恩有差降？应五品下致仕官，并终其余年，仍永为常式。"意思是说，原先六品以下官员致仕后可以享受半禄的待遇，但是只能领取 4 年。后来，唐玄宗为了安抚六品以下官员，在天宝九年（750）改为五品下致仕官，也可以终身享受半禄待遇。但是在安史之乱后，唐朝财政吃紧，唐文宗在宝历三年（827）取消了这一规定，六品以下的官员致仕后没有了半俸待遇，这也是杜甫晚年穷困潦倒的主要原因。

第三，退休高官享有荫补及其他优待。

唐代还有"致仕荫补"的制度，也就是五品以上官员退休后，子孙后代可以依其长辈身份获取官位。在唐高宗时期规定，第一等功臣，其亲属在朝无五品以上官者，后代可选一人接任五品官；第二等功臣，其亲属在朝无五品以上官者，后代可选一人为从六品。

唐代官员在被批准退休时，一般都要给予一个比现任官职高出一些的职位，以此作为一种奖赏。

此外，退休官员去世时，在丧葬上都有一定的优待，被称为"赙"，去世的退休官员还可追封、陪葬、立碑等等。

第四，唐代退休制度体现尊老敬老之传统。

唐代帝王倡导孝道，也注重弘扬尊老敬老之风。在这一思想的指导下，致仕官员待遇较为丰厚，不仅"半俸"成为制度，而且各种礼遇也超出前代，尤其是唐玄宗、唐德宗时期，由于帝王的恩典，致仕官员的经济待遇一度取消了品阶限制，并且出现了半料（料指除俸禄外，又给食料、厨料等，折成钱钞谓之料钱），生活待遇上也可享受种种便利措施，致仕官员的荣誉和尊贵地位得到了体现。

唐代强调"以孝治天下"，核心的内容其实还是养老，对于高龄老人，中央政府出台一系列办法尊老养老。如皇帝的"赐杖"，是包括物质待遇的，或者给老人版授官职，学界通称为"版授高年"，在唐代指对在地方上具有表率作用的高龄老人授予一定的官职，但仅仅享受待遇，并不真的履行责任，也不占用正式官员名额，其目的是尊老爱老。在很多历史资料以及墓志铭中，可以看到唐代版授高年的记录，对象包含男、女高龄老人，对于不同高龄段又会授予不同级别的官职和物质待遇，版授高年一般在宣布赦令时进行，仪式相当隆重。

一般百姓，从20岁到60岁，要为国家服役。有的皇帝会发布改革命令，缩短百姓的服役时间，这是很大的福利。唐代的赋役制度规定，家中有年龄80岁的老人，国家给侍丁一人；90岁，则给侍丁二人；百岁，则给侍丁三人。侍丁是一种身份，拥有这种身份，则不用再为国家服役。在唐代，服役对于百姓而言是一种比较沉重的负担。唐代的这个制度安排，以国家放弃重要利益为前提，为的是更好地推行孝道，让养老更有保证。有的人家为了规避赋税，虽然父母健在也分家单过，这显然与孝道相违背，唐代的法律对此严厉禁止。比如唐玄宗天宝元年（742），政府就发布命令，如果一家之内有十丁，其中两丁放免"征行赋役"，如果有五丁，则放免一丁。其目的就是"孝治天下"。这样，百姓为了其中的利益就会"同籍共居"，社会风气也会改善。所谓"征行赋役"，就是百姓对于国家所承受的各种负担。唐代没有下令让百姓必须与父母同居，而是利用政策进行引导并取得不错的效果。由此可见，制度是保证更多民众养老的根本。

唐代官员退休有一套较为完备的制度，但还存在很多弊端，主要表现在：

首先，退休年龄缺乏强制性。虽然退休官员的待遇十分优厚，但只限于高官阶层，这就助长了下层官员的久仕不退之风；虽然纸面上有70岁的规定，但具体操作起来又是另外一回事；致仕一般都是官员主动提出来，然后由皇帝决断，部分贪恋权位的官员赖在官位上不肯退休；有些人甚至到了耄耋之年，老死于官位，比如宰相许敬宗年老体弱，不能步行，每日"乘小马入禁门至内省理事"，此时他已经80多岁。对于这种贪恋权位者，大诗人白居易在著名的诗作《秦中吟·不致仕》中给予了强烈的批判。在这首诗中，白居易赞扬了汉朝主动退休的两位高级官员疏广和疏受，通过"挂冠顾翠緌，悬车惜朱轮。金章腰不胜，伛偻入君门"的诗句来批判那些贪恋禄位的唐代高官。

其次，唐代退休制度体现了鲜明的等级性。这一等级性的分界线就是五品（含）以上和六品（含）以下，主要是二者在经济待遇上有较大差别，六品以下的官员退休后没有保障。虽然唐玄宗时期该规定一度取消，但在唐代后期又予以恢复。在唐朝289年的统治时期内，该规定存续了212年，可见其持续时间之长、影响之大。比如唐代诗人孟郊、贾岛都是在副县职任（九品）上退休，最后均因生活无着、贫病交困而死。这种非一视同仁的退休制度显然是不合理的，这也导致那些缺乏保障的下级官员迟迟不愿退休，因为他们要考虑晚年后的生活。这种制度也挫伤了下级官员的工作积极性，助长了工作中混日子、人浮于事的风气。

安史之乱后，唐朝国力衰落、国库空虚、财政困难，皇帝为节约开支而削减了退休官员的待遇，使得退休制度产生了一定程度的倒退，退休再次出现了鲜明的等级性。唐末，国家动荡，中央集权受到严重削弱，退休制度虽仍在运行，但不可避免地受到破坏，其正常运行、退休权的掌控等，都因权臣和藩镇的把弄而扭曲变形。

二、宋代退休制度

宋朝被称为文人士大夫的天堂。从致仕年龄来看，宋代致仕年龄基本沿用了唐代"七十致仕"的规定。宋初太宗时期规定："朝廷之制，七十致仕。"宋建国初期因为国家建设需要，人才储备尚未完善，致仕制度建设还不够完善，虽然有 70 岁就退休的规定，但"退休金"却是"非有特敕，例不给俸"。

宋太宗中期以后，随着科举制度的发展以及恩荫制度的滥行，导致冗官问题日益严峻并且逐渐形成"重文轻武"的风气，再加上重用老臣当政，导致官员老龄化严重，这也促使宋代致仕制度逐渐完善、完备。《宋会要辑稿》记载咸平五年（1002）宋真宗诏令："文武官七十以上求退者，许致仕；因病及历任有赃犯者，听从便。"就是说文武官员 70 岁以上就可以请求致仕，朝廷也会准许；对于患有疾病无法坚持工作或者犯有赃罪的官员，准许随时请求致仕。此外，对于一些曾任宰相、执政官的高级官员，则可以适当延长致仕年限。如宋神宗即位后，曾任枢密副使、参知政事及宰相的韩绛，直到 76 岁时才获准致仕；又比如曾任枢密使、宰相和平章军国重事的四朝元老文彦博，直到 85 岁才致仕。

从致仕待遇来看，宋代初期官员致仕"非有特敕，例不给俸"，之后随着经济的繁荣发展，官员致仕待遇逐渐优渥，包含俸禄、升转官资、恩荫制度等等。

首先，宋代官员致仕享受半俸。《宋大诏令集》记载淳化元年（990）五月甲午宋太宗诏令："应曾任文武职事官恩许致仕者，并给半俸，以他物充，于所在州县支给。"自此，宋朝形成了官员致仕后领取半俸的普遍规定，对于政绩突出的官员会特许全俸，对于犯有重罪或者在任期间没有显著功绩的官员不给半俸。

其次，宋代官员致仕时或者致仕后可享受升转官资的待遇。在宋代初期，官员致仕前要解除一切职务，以平民的身份致仕。到了宋神宗年间，开始允许带原职致仕。《宋会要辑稿》记载："四年六月十一日以观文殿学士、兵部尚书、知蔡州欧阳修为太子少师、观文殿学士致仕，带职致仕自修起。"欧阳修因此成了宋代第一位带职致仕的官员，此后宋代也就不再强调致仕必须解除职务了。

《宋会要辑稿》记载："国朝，凡文武官致仕者，皆转一官，或加恩其子孙。"《宋文鉴》记载吕公著上奏宋神宗："自本朝以来，凡致仕者虽例改官资，或推恩子弟……"也就是说官员致仕以后可以升转一级或者加恩荫补给一名子孙。在实际升转官资的过程中，宋代对于一些有极大贡献的官员，经过皇帝特敕可以升转两级甚至更多的官阶。例如抗金名将韩世忠一生忠勇爱国、诚信敦厚，致仕时升转两级，从太傅升到太师；千古罪人秦桧因为致仕前已高居太师之位，属百官之首，致仕时已无官升转，因此被晋封为建康郡王。

除此以外，宋代官员还享受"致仕荫补"，这一待遇形成于宋仁宗时期。官员们在退休以后依旧享有政治特权，当官者的子孙可以通过荫补获得官职，也就是封建制度的世袭制。但是致仕荫补待遇只适用于当职期间廉洁正直的官员。《宋会要辑稿》记载："今后副使致仕，历任无赃罪，子孙并未有官者，许奏子孙或弟侄一名……"《宋史》记载："至于因事责降分司，或老病不任官职之事，或官居犯法，或以不治为所部劾奏，冲替而求致仕者，子孙更不推恩。虽或推恩，其除官例皆降等……"由此可见，宋代对于官员致仕荫补赏罚分明。

宋代官员致仕的程序大致为：文武官员年满70岁，准备告老退休，即可撰写表、状或札，经所在官府，向朝廷提出申请。可享受致仕荫补的中、高级官员，还须同时呈报受荫人的家状、保状等，由有关铨选部门审核。能否致仕，一般高级官员由皇帝特批或中书门下审定，其他官员则由吏部核准。如果获得批准，即由朝廷颁发致仕告、敕，官员本人领取致仕告、敕，即为正式退休。

宋代官员致仕的方式主要分为"自陈致仕"和"特令致仕"两种。自陈致仕是官员自己主动申请致仕；特令致仕是官员年满七十后，因昏老疾病或因犯赃罪而被强迫致仕。这两种致仕的待遇是不同的。自陈致仕者可升一级，或加恩其子孙，准给半俸；特令致仕者则只能以本官致仕，不得升转官资，不得荫补子孙，也不给半俸。

宋代对退休官员的待遇比唐以前诸代都要优厚，宋代退休制度有以下几个特点：

第一，按原任官职退休，不论文武朝官或后宫内职，凡按制退休者，多增秩，或加恩子孙。

宋真宗咸平以后，文武官员致仕时升一级、授朝官、给半俸，几乎成为定制。尽管退休后的待遇如此优厚，但官员们还是很少有主动退休的，因为他们在任时所能得到的好处是退休后无法比拟的。宋代一直有冗官的现象，为了鼓励官员退休，朝廷有时也采取致仕赐全俸的措施，然而收效不大，行政支出却因此每年居高不下，造成国家财政困难。

第二，宋代制定了一系列的法令，使得致仕制度更加完善。

宋代的官员年龄到了70岁，就达到了致仕的标准，必须退休。《宋史·职官十·致仕》中记载："文武官年七十以上不自请致仕者，许御史台纠核以闻。"表明如果官员到了70岁还没有主动申请退休，御史台就会进行纠察核实并上奏给皇帝。

宋代致仕的另一个标准是如果官员年龄没有达到70岁，但因身患疾病没有能力处理政事，可以提前申请致仕。《朝野类要》记载："虽未及七十，但昏老不胜其任，亦奏请之，故曰引年。"也就是说，那些年老体衰、无力参与朝政的臣子往往会提前请求退休，这种情况被称为"引年致仕"。还有一种情况是，如果这名官员的工作能力强，皇帝准许挽留，这种情况下是可以在 70 岁以后退休的。此外，官员如果任职期间政绩不佳会被勒令退休。

第三，致仕制度和恩荫制度并行。

宋仁宗执政时期，官员致仕的同时享受恩荫制度。比如四品以上的文官或者六品以上的武官致仕之后，朝廷为了表彰其贡献，会给这名官员的子弟加封低品阶的官职。如果官员的子弟想要谋求科举出身，致仕的高官也可以请求朝廷，让其子弟在科举考试中享受照顾。五品到七品的文官或者七品武官致仕时如果不想升转官资，也可以荫补一名近亲。

三、元代退休制度

元代致仕制度上承宋金，下启明清，在中国政治制度史上占有重要地位。

元代致仕制度是其政治机制中的重要组成部分，同其他制度一样，也经历了一个由建立到完善的过程。从元太祖成吉思汗建立大蒙古国，到元世祖忽必烈至元后期这段时间里，蒙古政权大部分时间忙于东征西讨的战争之中。直到灭亡南宋政权，国内局势趋于稳定，忽必烈在着手建立官员品秩制度和其他国家制度的同时，也建立了官员致仕制度。

至元二十八年（1291）诏令的颁布，标志着元朝致仕制度的初步建立，虽并未涉及致仕官员的待遇等诸多问题，但仍对于元代致仕制度有重要意义[①]。《元史》中有相关记载："至元二十八年，省议'诸职官年及七十，精力衰耗，例应致仕。今到选官员，多有年已七十或七十之上者，合令依例致仕'。"《元典章》记载："诸职官年及七十者，合令依例致仕。"除了年龄以外，官员因患病不能正常工作，也得告退。《元典章》记载："若年虽未及，委有疾病，自愿致仕者，听。"

元代普通官员，无论官职高低，年龄满了 70 岁都可以致仕，但唯独

---

① 陈伟庆. 元代致仕制度研究［D］. 广东：暨南大学，2009. 硕士论文.

科技类的官吏是不允许致仕的，干到干不动都不能退休，这叫"卒于任上"。《元史》记载："诏内外官年及七十，并听致仕，独守敬不许其请。自是翰林太史司天官不致仕，定著为令。""敕翰林、集贤官年七十者毋致仕。"《元史新编》记载："医卜匠官居丧不得去职，七十不听致仕。"意思是说，在医学、占卜、工匠这些职位上的不能奔丧，70岁也不能退休。

元代退休制度有以下几个特点：

第一，元代规定三品以下官员只要年满70必须退休，而对三品以上官员则比较宽松，具体退与不退，视不同情况来决定，只要国家需要，无论是病是老都不能退休，哪怕已到退休年龄。

元代明确规定，集贤院和翰林兼国史院中素有名望的侍从老臣不许致仕，阴阳官、太医及太史院司天官也不得致仕。如天文、历法家郭守敬，精通五经，熟知天文、算学，擅长水利技术，忙碌了大半辈子，终于熬到了法定退休年龄70岁，准备在退休后花大把的时间读书写作，可以"卒老于文字之间"。他申请退休，但申请报告迟迟不予以批准，却又命他任昭文馆大学士兼知太史院事，直到86岁卒于知太史院事任上都没能退休。

不让那些确有才干、有专业技能的官员致仕，而给予其优遇，让其终身为国效力，这是元代致仕制度的一个特点。因为集贤院和翰林兼国史院官员的学识是逐年积累的，他们年事虽高，但仍可凭借广博的知识发挥重要作用。太史院司天官以及医官、阴阳官也是愈老愈拥有丰富的实践经验，劝其留下而不让其致仕，对科技工艺的传帮带有积极作用，因此让"能绍其业"的子孙"量材录用"，也是一种根据实际需要在致仕制度上灵活变通的办法①。

第二，四等人制对元代的致仕制度有影响。

元代实行四等人制，第一等为蒙古人，作为元朝的国族，享有各种

---

① 陈伟庆. 元代致仕制度研究［D］. 广东：暨南大学，2009. 硕士论文.

特权；第二等为色目人，多指西域人，部分契丹人也被划为色目人；第三等为汉人，包含原金朝统治区的汉族和契丹、女真等族；第四等为南人，包含原南宋统治区的汉族和其他各族。四等人制在致仕制度上的体现，就是致仕官员因民族不同而待遇有所不同，蒙古、色目致仕官员的政治待遇要优于汉族致仕官员。元仁宗皇庆二年（1313）颁布了对三品以下蒙古、色目官员致仕的优待办法，即明确给予他们"职事、散官俱升一等"的优遇；在恩荫子弟方面，"诸色目人比汉人优一等荫叙"。

四、明代退休制度

明代制度大多承袭于汉唐，因此在建立之初就很重视致仕制度。退休年龄发生重大变化出现于明代，洪武元年（1368），朱元璋下令"凡内外大小官员年七十者，听令致仕，其有特旨选用者，不拘此例"；洪武十三年（1380）规定："文武官六十以上者，皆听致仕。"这是中国历史上首次将官员的退休年龄提前至60岁。

较之于文官，武职官员工作性质特殊，60岁很难再拥有相应的体力，因而洪武十八年（1385）又修改为："命内外指挥、千百户、镇抚，凡年五十以上者，许以子孙代职。"将武职官员的退休年龄提前至50岁。洪武二十六年（1393）又改回："凡官员七十以上，若果精神昏倦，许令亲身赴京面奏。如准，吏部查照相同，方许去官离职。"弘治四年（1491），明孝宗朱祐樘奏准"自愿告退官员，不分年岁，俱令致仕"。

朱元璋建立明朝以后，士大夫从"皇帝身边的客卿"彻底沦为"给皇帝打工的人"。朱元璋出身贫苦，他痛恨贪官污吏，连带着对满口仁义道德的士大夫也十分不满，因此明代整体的退休制度都比较严苛。明代规定，三品以上官员可以按现职退休，四品以下官员任现职满三年且无大过者，可升一级致仕，后来又规定特别突出者可以升两级致仕。然而，明代官员整体俸禄很低，起初朝廷还允许致仕官员食原俸，但很快就将这一规定取消，且规定对致仕官员一般情况下不发放退休金，"四品以上官年七十以礼致仕，不能自存者，有司岁给米五石"。

明代退休制度有以下几个特点：

第一，致仕官员政治待遇极高。

明代官员在致仕后能够获得许多政治待遇，多数官员在致仕时其官品通常亦有相应提高，朝廷允许官员致仕后仍可参言朝政、恩荫子孙、赐祭葬谥号（明政府给死后的致仕官员的一种荣誉性赏赐）、获赐驰驿（指官员致仕后，如家居外籍，允许其使用驿站设施，以显示朝廷对致仕官员的恩宠）[1]。又如明代开国文臣之首宋濂86岁致仕时，朱元璋念其功勋，赏赐了很多财物，并由其孙宋慎护送回乡。之后宋濂每年都会来朝拜朱元璋，《通鉴纲目三编》对此记载："归后每岁一朝，至则恩礼加厚。"

第二，明代致仕官员经济待遇较低。

对有功之臣的赏赐，只有在明太祖和明成祖时期，对开国和靖难之役中有杰出贡献的功臣有过丰厚的赏赐，在这之后赏赐的金银、布帛等物越来越少，能够获得赏赐的官员堪称凤毛麟角，即便是内阁重臣，在致仕时最多不过百金、四表里（衣服内外布料）而已，赏赐的数量与明初不可同日而语。到了明中期，官员致仕时给予月米数石、拨夫若干，都成了难得的"重赏"，可见明代给予致仕官员的经济待遇是多么微薄。

明初，官员致仕若得不到特赐，就没有任何俸禄，即使得到特赐，也往往就是半禄，得到全禄的很少。后来，官员致仕才可以得到"月廪"和"岁夫"，就是每月可以从有关部门领取口粮，每年国家派一些仆隶到他们家做事。以后，又免除了致仕官员的"杂泛差役"，杂泛差役指的是临时性征调的夫役与银、钞、车、马等钱物[2]。绝大多数的官员在致仕

---

① 欧磊. 明代官员致仕情况初探［J］. 兰州学刊，2008（12）：129－131.

② 《东陆学林》编委会. 东陆学林第25辑［M］. 昆明：云南大学出版社，2016：295.

后，只能通过其他途径来维持生活所需①。

第三，明代官员致仕分为主动和被动，从中后期开始，大部分官员都是主动提出致仕。

明代后期，致仕的官员越来越多地展现出十分复杂的多样性。主动致仕，指的是官员向皇帝请求致仕。主动致仕的原因很多，如自身年龄太大、身体状况欠佳、升迁无望、失去皇帝信任等。主动致仕是官员最常见的致仕方式之一。一般年龄到达 70 岁的官员，都会主动提出致仕；也有的是因为厌恶公务、受人陷害而不得不提出致仕；还有一些官员感到时局对自己不利，会主动请求致仕，借以规避某些潜在风险，这也是很多官员最后的保命手段。被动致仕，是指因为一些不可抗力因素影响而不得不致仕，如考核时不达标、遭言官弹劾、过错严重等。刑部尚书金纯因为借酒消愁被言官弹劾，宣宗朱瞻基认为他不上朝参拜，反而聚众饮酒，勒令其致仕。

五、清代退休制度

清代的退休制度，基本上是承袭明代的。

清代官员致仕，一般由本人自行陈请，三品以上官员可向皇帝直接上奏折，四品以下京官由所在部院堂官上奏，外官则通过督抚申请、经吏部求批。

清代致仕官员的待遇一般来说比明代好很多，退休后基本能得到半俸，有功之臣可得全俸。清代特别优待武官，高级武官往往能得到全俸，其他武官根据功绩也能享受不错的待遇。

清代退休制度有以下几个特点：

第一，文官和武官的退休政策差别很大。

清代文官的休致年龄大体沿用历代标准，但呈现降低的趋势。官员

---

① 聂智昊. 明代致仕制度研究［D］. 吉林：吉林大学，2012. 硕士论文.

一般 70 岁为休致年龄，在 70 岁以前，也可以"老"为由乞休。清代朝廷关于"老"的标准，一直都有所变化，《清史稿》九十三《选举志》六："年老休致，例有明文。乾隆二十二年，定部院属官五十五岁以上，堂官详加甄别。三十三年，改定京察二、三等留任各官，六十五岁以上引见。嘉庆三年，命京察二、三等官引见，以年逾七十为限。"

清代文官告退，需要上级批准，拿到批准文件才可以退休。所以，很多人别说 60 岁了，就是 70 岁也难以退休。康、雍、乾三朝元老徐元梦，"自以年老衰迈，不能办理刑名事件，疏辞"，但屡请不准。对此，乾隆皇帝还特意下诏："徐元梦老成望重，虽年逾八旬，未甚衰惫，可照旧供职，量力行之，不必引退。"直到徐元梦 84 岁卒于任上，才算了事。

由于当时清代是满族当政，对汉人特别是军队汉族将领，具有防备之心。武官中，提督（一省的最高武官）和总兵（仅次于提督的高级武官）等高级武官基本上是活到老、干到死。副将致仕年龄上限为 60 岁，参将为 54 岁，游击将军为 51 岁，都司守备为 48 岁，千总、把总为 45 岁①。级别越低，退休的年龄就越早，其用意无疑是为了让低级的年轻军官可以更快地上升，从而保持军队的战斗力。

第二，清代文官休致的原因大体上分为三类：年老、疾病、处分。自愿休致被称为"告休""乞休"等，强制休致被称为"勒休"。

第三，清代官员退休后待遇丰厚。

清代官员致仕之后，一般来说待遇十分丰厚。从物质待遇来看，《清文献通考》记载，顺治六年（1649）曾规定："凡官员致仕者，督、抚、布、按、总兵各给园地三十六亩，道员、副将、参将各给园地二十四亩，府、州、县、游、守等官各给园地十八亩。"《大清会典》记载："凡满汉大臣引年乞休得者，或以原品休致，或晋秩，或加衔，或令乘传还乡，或官其子孙，或给以原俸，皆出自特恩，不为定制。"

---

① 王文素．中国古代社会保障研究［M］．北京：中国财政经济出版社，2009：215.

第二章 中华人民共和国成立以来的退休制度

　　我国《宪法》第四十四条规定："国家依照法律规定实行企业事业组织的职工和国家机关工作人员的退休制度。退休人员的生活受到国家和社会的保障。"《宪法》赋予公民的这一权利，国家干部职工毫无例外地应予享受。依据《宪法》规定建立并实行干部职工退休制度，使达到规定工作年限和年龄或因公致残的干部职工老有所养，使丧失工作能力的干部职工生活有所保障，是社会主义制度优越性的体现。

　　目前，我国退休制度实际上是离休制度、退休制度、退职制度的统称，国家根据老弱病残人员参加工作时间早晚、工作年限长短以及对党和国家做出的贡献大小，分别安置其离休、退休、退职。

　　所谓离休，即离职休养，是指中华人民共和国成立前，即1949年9月30日以前参加革命工作的干部，达到国家规定的年龄；或是未达到规定年龄，因身体原因不能坚持正常工作，本人要求离休，经组织批准，按照国家有关规定，脱离原来的工作岗位，休息疗养，安度晚年。离休实质上是退休的一种特殊方式，也是我国安置老弱病残干部颐养天年的一种特殊形式。所谓离休制度，是指国家制定并颁布执行的有关离休条件、待遇、安置、管理等方面法规的总称。

　　所谓退休，是指中华人民共和国成立后，即1949年10月1日后参加工作的干部职工，工作到一定年限，达到规定年龄或因公致残，根据国家规定，离开工作岗位，并领取一定数额的养老金，以终养余年。退休制度是指国家制定并颁布实行的关于退休条件、退休待遇、退休审批和退休安置管理等方面法规的总称。

所谓退职，是指一部分不具备国家规定的退休条件的干部职工，因身体有病，基本丧失工作能力，不能继续坚持工作而辞去职务。退职实质上是退休的一种特殊方式，退职制度是指国家制定并颁布执行的有关退职条件、退职待遇、退职审批以及管理等方面法规的总称①。

我国干部职工退职制度始于中华人民共和国成立之前。1946 年，边区政府为妥善安排政民人员退休后能够各得其所，特颁发政民人员退休办法，要点包括：

一、政民人员退休时，应按其参加工作年限之长短，发给生产补助粮，其标准数目规定如下：

1. 参加工作半年至一年者发给小米一百三十斤，一年零一个月者发给小米一百三十七斤，每增一月即增发七斤。

2. 三年者发给小米三百二十二斤，三年零一个月者发给小米三百三十五斤，每增一月即增发十三斤。

3. 八年者发给小米一千二百三十二斤，八年以上者，可斟酌情形发给小米一千三百斤至一千六百斤。

二、政民人员之工作年限，以连续服务计算，因病休养者不以工作中断论，由部队转入政民机关团体者其在部队之工作年限，应计算在内。

三、凡复员退休之政民人员，除发给生产补助粮及复员退休证外，并应按路途远近，由其供职机关发给回乡路费、粮票、菜金及退休前应领之服装、鞋、袜等。其路程每日按六十里计算，路远不适用粮票者，

---

① 开封市人力资源和社会保障局．退休使用手册第一部分离退休概述［EB/OL］．（2011 - 01 - 25）［2021 - 01 - 28］．http://rsj.kaifeng.gov.cn/news/5490.cshtml.

折发粮款，生产补助粮由县以上政府核发，从社会事业费内报销。如系转业者，只发转业证，不发生产补助粮等。

四、政民人员在抗战中，因战争负伤以致残废者，对其安置，得援照荣誉军人安置及优恤暂行条例处理之。其家属贫寒无劳动力者，按政民人员贫寒家属救济办法酌情救济之。

1948 年 11 月 23 日，华北解放区还制定了《华北人民政府关于华北地区年老病残退职人员待遇办法》。1949 年 2 月 9 日，华北人民政府、华北军区政治部发布联合通知《统一老弱退职人员待遇》，规定如下：

一、曾参加部队未办退伍手续而转入地方工作后，即以地方工作人员论，在将来退职时，即不再办退伍手续，应依照华北区年老病弱退职人员待遇办法第四条之规定办理手续，由其所在机关（相当于县以上者；非县以上者由直属上级办理）直接介绍回原籍县政府安置，介绍信内须将何时参加部队，担任何种职务，何时转业地方工作，因何退职与退职日期，一律证明并加盖印信或关防，分三联制备，第一联存所在机关，第二、三两联制给退职人员交原籍县府审核无误，即凭信按照退职待遇办法第二条第四项之规定计算发给生产补助金后，并加盖该县戳记与注明"领讫"字样，由该县留存第二联粘呈报销，第三联由退职人员领回以作纪念（不另发退职证件）。

二、荣军未经退伍而转业地方工作者，在退职时可就近介绍至荣管机关办理，但亦不再发退伍证。除荣抚部分外，仍照退职手续办理，享受退职待遇。

三、所有退职人员不论华北籍或非华北籍者，其应领之生产补助金，统按华北区退职人员待遇办法第四条之规定，由原籍县府计算发给，以昭划一，旧有所在机关折款发给办法，应即作废。

四、华北区退职人员待遇办法第一条文内所称机关首长批准退职回家者之机关首长，是指相当于县级以上对该退职人员有核准加委权之首长而言，希各级执行时注意。

1946 年，李立三从苏联回国，历任军调部东北三人小组成员、中共中央东北局委员、敌工部长、城工部长等职，1948 年任东北局职工运动委员会书记。"劳动保险"这个词，就是由李立三"创造"的。1948 年12 月 27 日，在哈尔滨等地方试验的基础上，东北行政委员会吸取苏联经验颁布了《东北公营企业战时暂行劳动保险条例》（以下简称《东北条例》）。这一条例的颁布，是当时中国职工运动最有意义的胜利之一，它表明在中国人民政府所经营的企业中的工人已经开始得到了改善生活的保障，虽然这一条例还受到当时战时条件的限制，但是它的重要历史意义并不因此减弱。

众所周知，在殖民地国家的法律里，是根本没有劳动保险这一条款的。资本主义国家虽然有劳动保险，但是劳动保险基金是要工人自己负担的，这与《东北条例》所规定的"保险基金由各企业管理机关负担"，是不能相提并论的。

《东北条例》参照的是苏联的社会保险模式。该条例分为：第一章概则；第二章关于劳动保险基金之征集与保管方法规定；第三章应举办之各项劳动保险事业；第四章关于劳动保险基金支配方法之规定；第五章劳动保险基金之监督与审查；第六章附则。全文共 28 条。该条例适用于一切公营企业中之工人与职员，暂从国营之铁路、矿山、军工、军需、邮电、电气、纺织等企业着手试办，俟有成绩后，再推广于其他公营企业。

按照《东北条例》，如在劳动保险金之征集标准中规定，由企业方面缴纳等于全部工资的百分之三为劳动保险基金，职工则缴纳工资千分之五的劳动保险金，这说明了主要是由政府负担，职工仅负担极小部分；而政府负担之数量，如将医药治疗及伤病时所付的工资等均计算在内，则约及全部工资百分之十左右，这个数目作为战时劳动保险是相当高的。而资本主义国家的劳动保险基金，主要是由工人担负，从工资中扣收。

又如对于老年工人生活补助金，《东北条例》规定老年职工年满 60 岁，工龄在 25 年以上者，即可享受生活补助金之待遇。工龄之计算并不限定必须在本企业或本国区域之内，因而在伪满时期作工时间，亦得算入工龄之内。而资本主义国家，大都规定在 65 岁或 50 岁，工龄 30 年至 40 年方可享受，且限制于本企业和本国。国民党北宁铁路仅有 50 余年的历史，却规定工龄 40 年者方得享有养老金，且抗战八年间的工龄又不得计算在内，实际上是明白取消养老金的待遇。

再如《东北条例》对于恤金规定，因公负伤者之全部医疗费由企业方面负担，并付给治疗期之全部工资，以 6 个月为限，这也是超过许多资本主义国家规定的。

《东北条例》出台后，东北各地的劳动保险事业便趋于统一、形成制度，并可供其他解放区参考。

中华人民共和国成立后，我国事业单位退休制度经历了初创、完善、停滞、发展、改革几个阶段。

一、退休制度初创阶段（1949 年 10 月—1957 年）

1949 年 9 月 21 日，中国人民政治协商会议第一届全体会议在北平中南海怀仁堂隆重开幕，会议代行全国人民代表大会的职权，通过了具有临时宪法性质的《中国人民政治协商会议共同纲领》（以下简称《共同纲领》），选举产生了中央人民政府委员会，宣告了中华人民共和国的成立。《共同纲领》除序言外，分为总纲、政权机关、军事制度、经济政策、文化教育政策、民族政策、外交政策共 7 章 60 条，其中第三十二条明确提出："在国家经营的企业中，目前时期应实行工人参加生产管理的制度，即建立在厂长领导之下的工厂管理委员会。私人经营的企业，为实现劳资两利的原则，应由工会代表工人职员与资方订立集体合同。公私企业目前一般应实行八小时至十小时的工作制，特殊情况得斟酌办理。人民政府应按照各地各业情况规定最低工资。逐步实行劳动保险制度。保护青工女工的特殊利益。实行工矿检查制度，以改进工矿的安全和卫生设备。"《共同纲领》明确要实行劳动保险制度，为我国建立退休制度确立了法律依据。

1950 年 3 月 15 日，政务院财经委员会发布《关于退休人员处理办法的通知》。这是中华人民共和国成立后发布的第一个退休养老方面的法规，它标志着国家开始承担起主导职工退休养老保障事务的职责，但这一法规的适用范围却限制为过去就有退休金的机关、铁路、海关、邮局等单位的职工，规定年龄 50 岁、工龄满 10 年均可退休，不分男女、不分干部和工人，没有身体状况方面的要求，因而只是对这些部门原有职工在旧中国享受退休保障制度的延续或认可，并不能被视为新中国退休养老保险制度的建立。通知规定：党政机关以及海关铁路、邮电等公共服务部门领取工资的工作人员，退休时可以一次性领取一笔退休费①。

1949 年，东北人民政府就在各主要公营企业中实行了劳动保险制度。从 1949 年 4 月到 1950 年 3 月的第一年中，东北各公营企业就支出各项补助金、救济金、抚恤金 500 多万东北工分；到 1950 年 6 月止，共支出劳动保险总基金 1400 余万东北工分。除按照条例支付工人、职员应得的各项保险费外，还利用这些基金举办了职工养老院、疗养院、休养院、残废院和保育院等集体劳动保险事业。全东北有 60 多万名职工，全部享受了劳动保险待遇，还有 150 多万职工家属，也得到了劳动保险的照顾。

新中国成立以来，东北各大城市及天津、太原、石家庄等地和铁道、邮电等企业系统均已先后实行了劳动保险，但各种规定还不一致，因此

---

① 杨吟华．中国退休制度演变的制度分析［D］．江苏：苏州大学，2008．硕士论文．

制订一个统一的劳动保险条例也是各方面所迫切需要的。1950年10月29日，中央人民政府政务院通告公布了《中华人民共和国劳动保险条例草案》（以下简称《草案》）。

《草案》首先由中央人民政府劳动部与中华全国总工会组成的起草委员会根据《共同纲领》第三十二条的规定及全国各地职工的要求与意见和目前工厂企业的实际情况，拟定初步草案之后，召集有关机关及工会组织进行反复研究，修改了20余次之多，才形成正式草案，送请中国人民政治协商会议全国委员会及政务院财政经济委员会审查，得到同意后，提交政务院审核，经政务院第五十六次政务会议初步通过，提请中央人民政府委员会批准公布施行。

该草案分为：第一章总则、第二章劳动保险金的征集与保管、第三章各项劳动保险待遇的规定、第四章享受优异劳动保险待遇的规定、第五章劳动保险金的支配、第六章劳动保险事业的执行与监督、第七章附则，共三十二条。

《草案》出台的目的在于"保护雇佣劳动者的健康和减轻他们生活的特殊困难与顾虑"；《草案》实行的范围是采取重点试行办法，暂定适用于："雇佣工人与职员人数在一百人以上的国营、公私合营、私营的工厂、矿场及其附属单位与业务管理机关。铁道、航运、邮电、银行所属的各企业单位及附属单位。"俟这些单位试行有了成绩，取得经验，再行稳步前进，予以推广。但工人职员在一百人以下的企业，如果愿意实行劳动保险，也可订立集体合同来办理。另一方面，在条例适用范围内的企业，如遇有合乎条例规定的特殊困难情形，也可依照法定程序，呈准暂缓办理。

《草案》规定只拿出等于全部工人与职员工资总额的百分之三作为劳动保险金，劳动保险金的支付办法是：一部分由各企业行政方面或资方直接支付，因工和非因工负伤、疾病、丧葬的工资、医药治疗费及丧葬费等属之；另一部分由企业行政方面或资方缴纳劳动保险基金交由工会支配，因工和非因工残废、遗族抚恤的补助金或救济金、养老补助金和生育补助金等属之；同时《草案》对工人和职员的生、老、病、死、伤残等待遇都做了适当的规定。

1951 年 2 月 23 日，政务院第七十三次政务会议通过了《中华人民共和国劳动保险条例》（以下简称《劳动保险条例》）。为了便利实施该条例，中央人民政府劳动部协同中华全国总工会制定了《中华人民共和国劳动保险条例实施细则草案》，试行期限暂定为自 1951 年 3 月 25 日起至1951 年 10 月底止。

《劳动保险条例》在实行中取得了一些成绩和经验，获得了广大职工群众的拥护，对于减轻职工生活中的困难、鼓舞职工的劳动热情，都起到了积极作用。但《劳动保险条例》是在国家财政经济还没有全面恢复的情况下制定的，有些待遇规定得较低，在实施范围上也只能采取重点试行办法。随着国家财政经济状况已经基本好转，大规模经济建设工作即将展开，自应适当扩大劳动保险条例实施范围并酌量提高待遇标准，但由于抗美援朝的斗争仍在继续进行，经济建设又需投入大量资金，国家必须将财力首先用于关系全国人民根本利益的主要事业，同时工人阶级和全体人民的福利也只有在生产发展的基础上才能逐步改进，因此《劳动保险条例》的实施范围还不能扩大得过广，待遇标准也不能提得过高。

为此，1953 年 1 月 2 日，政务院第一百六十五次政务会议通过《关于中华人民共和国劳动保险条例若干修正的决定》。该决定规定：

一、关于扩大实施范围问题，除原已施行的铁路、邮电、航运及有职工一百人以上的工厂、矿场外，现将实施范围扩大到下列各项企业：（一）工厂、矿场及交通事业的基本建设单位；（二）国营建筑公司。在扩大范围内的单位一般应自 1953 年 1 月 1 日起由其行政方面缴纳劳动保险金，工人职员从 1953 年 3 月 1 日起，享受劳动保险条例所规定的各项劳动保险待遇。

凡属于扩大范围内的企业单位，应由企业行政方面会同工会基层组织拟定实施办法，向当地劳动行政机关申请审核实行。如因有特殊困难，暂时难于实行者，经当地劳动行政机关批准后亦可暂缓实行。

二、关于提高劳动保险待遇问题，废止停工医疗以六个月为限的规定，适当提高职工疾病医疗期间待遇标准，规定贵重药费的酌情补助，增加养老补助费，放宽养老条件，其他如生育待遇、丧葬费、丧葬补助费、非因工死亡家属救济费亦酌量增加。上述各项标准已在修改后的劳动保险条例中具体规定。凡已实行劳动保险条例的企业应自 1953 年 1 月 1 日起按照新规定支付工人职员应得的各项劳动保险费。

修正公布的《劳动保险条例》分为：第一章总则、第二章劳动保险金的征集与保管、第三章各项劳动保险待遇的规定、第四章享受优异劳动保险待遇的规定、第五章劳动保险金的支配、第六章劳动保险事业的执行与监督、第七章附则，共三十二条。该条例扩大了保险实施范围，提高了职工疾病医疗期间待遇标准，增加了养老补助费，加宽了养老条件。该条例应该是我国第一部含退休制度在内的综合性法规，扩大适用范围覆盖到民营企业职工。

1955 年 12 月 21 日，国务院全体会议第二十一次会议通过了《国务院关于颁发国家机关工作人员退休、退职、病假期间待遇等暂行办法和工作年限计算暂行规定的命令》《国家机关工作人员退休处理暂行办法》《国家机关工作人员退职处理暂行办法》《国家机关工作人员病假期间生活待遇暂行办法》和《国务院关于处理国家机关工作人员退职、退休时计算工作年限的暂行规定》。

国务院制定《国家机关工作人员退休处理暂行办法》，将一次性发放退休费改为按月发放退休金，按个人工作年限计发待遇，并把女干部的退休年龄提高到55周岁，这些规定一直沿用至今；又增加了不适宜现职工作，又不愿意接受其他工作的人员也可以退职的规定；退职待遇改为按工作年限长短，发给一次性退职金。

《国家机关工作人员退休处理暂行办法》对退休条件规定了四条：1. 男年满60周岁，女年满55周岁，工作年限已满15年，劳动年限满25年（女满20年）的；2. 男年满60周岁，女年满55周岁，工作年限已满15年的；3. 工作年限已满10年，因劳致疾丧失工作能力的；4. 因公残废丧失工作能力的。这个办法的颁行，标志着国家机关、事业单位职工退休制度的确立。

我国现行的机关事业单位退休制度于1955年开始建立，60多年来，这项制度对保障退休人员生活、稳定干部队伍发挥了重要作用。

时任劳动部（今人力资源和社会保障部）部长马文瑞表示，上述条例和办法实施以来，截至1956年年底，企业职工退休了约62000人，国家机关的工作人员退休了约1000人[1]。由于当时的退休规定在某些条件上限制严了一些，有些待遇的标准不够适当，因而还有相当大的一部分年老的和身体衰弱、丧失劳动能力的职工不能或者不愿意退休，这些人员实际上已经不能从事生产和工作，勉强留在原单位里，对于国家和他们本人都很不相宜。因此，1957年11月16日制定了《国务院关于工人、职员退休处理的暂行规定（草案）》。该规定共分十四条，目的就是要对于当时实施的条例和办法中的退休的条件和退休以后的待遇做某些改变，以便使那些应该退休的职工能够退休。这样，既可以妥善地安置这一部分职工，又有利于精简机构，提高生产和工作效率；还能够节约经费开支，用来多吸收一些青年学徒，便于安排劳动就业。

新规定中的几个变化：

---

① 马文瑞. 关于"国务院关于工人、职员退休处理的暂行规定（草案）"的说明［J］. 劳动，1957（23）：4－5.

（一）退休的条件

新规定的退休条件，比《劳动保险条例》的规定放宽了：1. 新规定第二条（一）（二）两项退休条件中"一般工龄"的年限，都比《劳动保险条例》中的规定减少了五年。2. 第二条（三）项规定"男年满五十周岁、女年满四十五周岁的工人、职员，连续工龄满五年，一般工龄满十年，身体衰弱丧失劳动能力，经过医生证明不能继续工作的"，应该退休。这一项规定是《劳动保险条例》中所没有的。有了这项规定，就可以退休一批根据《劳动保险条例》所不能处理的身体衰弱、丧失劳动能力并且已经比较年老的职工。

新规定的退休条件，比《国家机关工作人员退休处理暂行办法》既有放宽处，也有稍严处。在一般工龄方面，同样减少了五年。《国家机关工作人员退休处理暂行办法》中规定，凡是因劳致疾丧失工作能力的工作人员，只要工作年限（"工作年限"的含义和新规定的"连续工龄"相同）满十年，不问年龄多大，都可以退休。而新规定对于这种情况的工作人员，还规定必须男年满五十周岁、女年满四十五周岁。之所以做这样的规定，一则为了与企业单位求得一致，二则考虑到退休有一个年龄的条件，因而也是必要的。

总的来看，退休的条件放宽了，如果照此执行，可以做退休处理的职工人数要比当时实施的条例和办法所能处理的更多。但是，根据新规定的退休条件，因为工龄的关系，还不能处理公私合营企业中的资方人员，这个问题需要另行研究规定。

（二）退休的待遇

第四条规定，一般年老退休人员的退休费按照本人连续工龄的长短逐月发给本人工资的50%到70%。这和《劳动保险条例》的规定是相同的。对于有特殊贡献人员的优惠待遇，新规定为可以增加不超过本人工资的15%，比《劳动保险条例》的规定高了5%。新规定取消了《劳动保险条例》中相当于本人工资10%到20%的在职养老补助费。在职养老补助费的规定，现在看来是不合理的，特别是这一规定使得有些到达退休年龄的职工不愿意退休，因此应该取消。但是，对于当时领取在职养老补助费而仍不退休的职工，准予照旧领取，因为这部分职工为数不多，全国仅约5000人。

新规定的退休费标准比《国家机关工作人员退休处理暂行办法》中的规定（本人工资的50%到80%），对于少数人来说，是稍稍降低了一点；对于有特殊贡献的人员的优惠待遇也由"可以酌量提高"改变为"不超过本人工资的15%"。为了和企业单位待遇一致，免得相互影响，这样略加调整是必要的。

新规定的退休人员去世以后的丧葬补助费为相当于本人二至三个月的退休费的总额。这比《劳动保险条例》中的规定（相当于两个月的企业平均工资的总额）和《国家机关工作人员退休处理暂行办法》中的规定（相当于本人三个月的退休费的总额）都略低。对于亲属抚恤费，《国家机关工作人员退休处理暂行办法》中没有规定，新规定的标准（相当于六至九个月的本人退休费的总额），也比《劳动保险条例》的规定（相当于六至十二个月的本人工资的总额）稍低。为了节约和统一待遇，这两项费用稍予降低是可以的。

总的看来，新规定的退休以后的待遇和当时实行的规定出入不大，这里既要考虑力求节约，又要考虑能够使应该退休的职工乐于退休，因此，新规定的待遇标准是比较适当的。如果将来职工的工资水平有了更多的提高，这个暂行规定中所定的退休人员的待遇标准，还可做相应的改变。

（三）退休费的支付

第十一条规定，在实行劳动保险的企业单位，退休费用由本单位劳动保险基金中开支。这和《劳动保险条例》中的规定是相同的。如果本

条文（第五条）："工人、职员因工残废，经过劳动鉴定委员会确定或者医生证明完全丧失劳动能力的，也应该退休。退休后的待遇，在实行《劳动保险条例》的企业单位，仍然按照《劳动保险条例》的有关规定办理；在没有实行《劳动保险条例》的企业、机关，其退休费，饮食起居需人扶助的，按月发给本人工资的75%，饮食起居不需人扶助的，按月发给本人工资的60%。"这样，就把企业、机关职工因工残废退休的基本待遇，即退休费的标准，统一起来了。

至于对社会有特殊贡献的人员因工残废退休后所享受的优异待遇及因工残废退休人员去世后的丧葬补助费和亲属抚恤费，《劳动保险条例》中规定的待遇略高于本规定第四条（四）项和第八条规定的待遇。如果因工残废完全丧失劳动能力的工人、职员符合本规定第二条（一）（二）（五）项条件，并且其应该领取的退休费的标准高于本条前款规定按月发给本人工资的60%的时候，其退休费应该按照本规定第四条的规定发给。

增加了这一条以后，这个规定就可以完全代替国务院1955年12月发布的《国家机关工作人员退休处理暂行办法》。所以，在修改后的第十四条中规定：自本规定发布施行之日起，该办法即行废止。

2. 关于退休的条件（第二条），修改了一项，补充了两项。修改的是（三）项，将其中的工龄条件提高了一点，原草案规定为"连续工龄满五年，一般工龄满十年"，现在修改为"连续工龄满五年，一般工龄满十五年"。这是考虑到，退休养老是要由国家供养退休人员的整个晚年，必须是对于社会有过相当贡献的人才应该享受这种待遇。原草案规定劳动十年就可以享受退休待遇，条件宽了一些，将一般工龄的条件提高了五年。对于这一项中所说的由医生证明职工是否合乎"身体衰弱丧失劳动能力，不能继续工作"的条件，在这一项中添了"经过劳动鉴定委员会确定"一句。

增加了一个（四）项，就是"连续工龄满五年，一般工龄满二十五年的工人、职员，身体衰弱丧失劳动能力，经过劳动鉴定委员会确定或者医生证明不能继续工作的"，可以退休。这是因为有许多职工提出，年龄小于而工龄长于本条（三）项条件的身体衰弱丧失劳动能力的职工，也应该享受退休的待遇，不然，与符合（三）项条件的人员比较起来，就显得不够合理。把这类人员的一般工龄条件规定为二十五年，但是没有规定年龄条件，增加这一项的目的就是要照顾一些年岁不一定老而工龄很长、丧失劳动能力不能继续工作的职工能够享受退休待遇。

还增加了一个（五）项，就是"专职从事革命工作满二十年的工作人员，因身体衰弱不能继续工作而自愿退休的"，也可以退休。这是指少数长期专门从事革命斗争而积劳成疾、身体衰弱不能继续工作的老干部和其他工作人员，他们是应该享受退休待遇的，因此，这一项也没有另外规定年龄条件。

符合（四）项条件的退休人员的退休费标准为本人工资的40%至60%，符合（五）项条件的退休人员的退休费标准为本人工资的70%，这些都在第四条中做了规定。

原草案本条的最后一节，即"工人、职员因为年老或者身体衰弱丧失劳动能力，不能继续工作，但是，又不具备退休条件的，应该以退职处理"，修改时删去了，因为关于职工的退职问题要另做规定，这里不提。

3. 关于退休人员去世后的丧葬补助费（原草案第七条，修改后的第八条），将此项补助费的标准修改为一次发给五十元至一百元。

4. 关于各项退休费用的支付办法，暂时仍只能按照现行的办法分别由企业、民政部门、卫生部门支付。但是为了明确起见，将原草案第六条和第十一条（修改后的第七条和第十二条）做了几处文字修改。

5. 关于本规定的适用范围（原草案第十二条，修改后的第十三条），增加了同样适用于在军队中工作的无军籍的工人、职员这个内容。

6. 关于本规定的实施细则，原草案第十四条规定分别由中华全国总工会和国务院人事局制定发布施行。经研究，为了便于对一些共同性的问题做统一规定和对一些地方性的问题能够因地制宜地规定，所以修改为分别由劳动部和省、自治区、直辖市人民委员会制定发布施行（修改后的第十五条）。

除了上述一些补充和修改之外，对于原草案第一条、第三条、第五条、第九条（修改后的第一条、第三条、第六条、第十条）也做了个别地方的文字修改。

三、退休制度停滞阶段（1966 年—1977 年）

1966 年以前，我国职工退休费用是全国统筹的，各企业按工资总额的 3% 提取劳动保险基金，由工会组织在各地区、各产业之间调剂使用。但由于"文化大革命"的影响，1966 年年底劳动部受到严重冲击。1970 年 6 月，国家撤销劳动部（劳动部业务工作并入国家计划委员会劳动局，1975 年 9 月国家设立劳动总局，仍由国家计划委员会代为管理）；与此同时，各级工会组织也因"文革"影响处于瘫痪状态，保险资金的筹集、保险的管理和保险的合理调配都处于停滞状态，无人问津，无人管理操作，也无法实施。

1969 年 11 月，财政部军管会发出通知，将劳动保险基金改为由各企业营业外列支（1980 年后，扩权企业由利润留成中开支）。结果，造成了新老企业之间退休费用负担苦乐不均，退休人员多的老企业负担过重，有的甚至难以为继，发不起退休费。一些 50 年代公私合营的老企业情况更为严重。退休人员也统统由原单位负责管理，加重了企业和各单位的负担，分散了领导的精力，不利于加强经营管理和开展生产工作。

1966 年到 1976 年的"文革"十年，我国各行各业都受到严重破坏和影响，退休制度同样遭受重击，退休保障主管机构瘫痪、制度崩坏、工作中断，退休工作处于无人管理的状态，无论是机关还是企事业单位，都有很多人不能正常办理退休手续①。许多单位执行政策有法不依、有章不循，后果极其严重：如大批具备退休条件的企业职工和国家工作人员，得不到妥善安置，使企业劳动力不能及时更新，国家机关工作人员老化，造成机构臃肿、人浮于事，加重了国家财政和企业经济负担。

"文革"期间，机关单位制定的相关政策和法规都得不到实施，加上很多条例和制度本来就不很完善，处于摸索阶段，退休政策的实施相当混乱。当时的生产秩序被打乱，社会统筹保险的缴纳也中断了，使得退休制度中养老金的收支出现问题，从而导致整个退休制度的实施执行被打乱了。可以说这个阶段不仅没有新的政策和制度出台，而且以前旧的退休政策很多也无法实施②。

由于社会保险费用统筹制度的废止，生产建设又遭受了破坏，企业资金不足导致缴纳不起或不愿意缴纳社会保险金。1969 年 2 月，财政部发布了《关于国营企业财务工作中几项制度的改革意见（草稿）》，规定"国营企业一律停止提取劳动保险基金"，"企业的退休职工、长期病号工资和其他劳保开支，改在营业外列支"。

这些规定实际上是将过去养老保险社会统筹调剂的做法改为企业保险的做法，将社会承担社会保险责任的制度蜕变为企业承担本企业职工社会保险责任的制度，将国家（社会）举办社会保险事业变成企业内部事务。虽然在当时企业与国家是捆在一起的，但是由于各个企业规模不同，尤其是退休职工数量不同，因此不同企业在社会保险上的负担是不同的。这样，社会保险就失去了固有的统筹调剂职能，由企业承担了退

---

① 古钺. 机关事业单位退休保障制度的四季变迁——新中国社会保险史话之三 [J]. 中国社会保障，2019（03）：12 – 13.

② 张志新. 建国以来我国事业单位退休制度研究 [D]. 山西：山西大学，2012. 硕士论文.

休费用，结果也就导致了退休人数多的老企业费用开支大，而新建的企业则开支小，企业间由此出现了负担轻重不同的弊端，这不仅是我国社会保险制度发展进程中的一次巨大倒退，也为改革开放后退休制度的执行偏差埋下隐患。

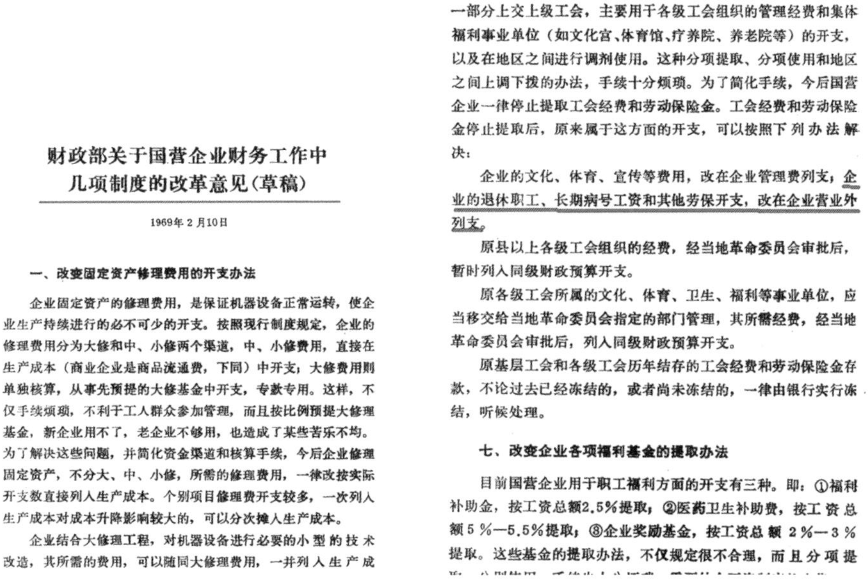

财政部关于国营企业财务工作中几项制度的改革意见（草稿）

1969年2月10日

一、改变固定资产修理费用的开支办法

企业固定资产的修理费用，是保证机器设备正常运转，使企业生产持续进行的必不可少的开支。按照现行制度规定，企业的修理费用分为大修和中、小修两个渠道，中、小修费用，直接在生产成本（商业企业是商品流通费，下同）中开支；大修费用则单独核算，从事先预提的大修基金中开支，专款专用。这样，不仅手续烦琐，不利于工人群众参加管理，而且按比例预提大修基金，新企业用不了，老企业不够用，也造成了某些苦乐不均。为了解决这些问题，并简化资金渠道和核算手续，今后企业维修固定资产，不分大、中、小修，所需的修理费用，一律改按实际开支数直接列入生产成本。个别项目修理费开支较多，一次列入生产成本对成本升降影响较大的，可以分次摊入生产成本。

企业结合大修理工程，对机器设备进行必要的小型的技术改造，其所需的费用，可以随同大修理费用，一并列入生产成

一部分上交上级工会，主要用于各级工会组织的管理经费和集体福利事业单位（如文化宫、体育馆、疗养院、养老院等）的开支，以及在地区之间进行调剂使用。这种分项提取、分项使用和地区之间上调下拨的办法，手续十分烦琐。为了简化手续，今后国营企业一律停止提取工会经费和劳动保险金。工会经费和劳动保险金停止提取后，原属于这方面的开支，可以按照下列办法解决：

企业的文化、体育、宣传等费用，改在企业管理费列支，企业的退休职工、长期病号工资和其他劳保开支，改在企业营业外列支。

原县以上各级工会组织的经费，经当地革命委员会审批后，暂时列入同级财政预算开支。

原各级工会所属的文化、体育、卫生、福利等事业单位，应当移交给当地革命委员会指定的部门管理，其所需经费，经当地革命委员会审批后，列入同级财政预算开支。

原基层工会和各级工会历年结存的工会经费和劳动保险金存款，不论过去已经冻结的，或者尚未冻结的，一律由银行实行冻结，听候处理。

七、改变企业各项福利基金的提取办法

目前国营企业用于职工福利方面的开支有三种。即：①福利补助金，按工资总额2.5％提取；②医药卫生补助费，按工资总额5％—5.5％提取；③企业奖励基金，按工资总额2％—3％提取。这些基金的提取办法，不仅规定很不合理，而且分项提

图 1　财政部关于国营企业财务工作中几项
制度的改革意见（草稿）①

四、退休制度发展阶段（1978 年—1992 年）

1976 年 10 月，我国进入了新的历史发展时期。1978 年 12 月 18 日至 22 日，党的十一届三中全会在北京召开。此次全会的中心议题是讨论把全党工作重点转移到社会主义现代化建设上来，并做出了从 1979 年起，把全党工作重点转移到社会主义现代化建设上来的战略决策。

在经济建设问题上，从纠正急于求成的错误倾向和全党要注意解决

---

① 财政部工业交通财务司. 中华人民共和国财政史料（第五辑）国营企业财务：1950 ~ 1980 ［M］. 北京：中国财政经济出版社，1985：483 - 488.

好国民经济重大比例严重失调等问题出发，必须采取一系列新的重大措施，对陷于失调的国民经济比例关系进行调整，对过分集中的经济管理体制着手认真的改革。

全会重新确定了中国共产党正确的思想路线，批判了"两个凡是"的错误方针，充分肯定了必须完整、准确地掌握和运用毛泽东思想的科学体系，高度评价了关于真理标准问题的讨论，确定了解放思想、开动脑筋、实事求是、团结一致向前看的指导方针。

全会重新确立了中国共产党的正确的组织路线，决定在组织上健全党规党纪，健全党的民主集中制，反对接受和制造个人崇拜，加强集体领导。

全会提出了要注意解决好国民经济重大比例严重失调的要求，原则通过了《中共中央关于加快农业发展若干问题的决定（草案）》和《农村人民公社工作条例（试行草案）》，并印发到省、自治区、直辖市讨论和试行。为把农业搞上去，必须首先在农村实行改革，推行联产计酬责任制。

全会提出了健全社会主义民主和加强社会主义法制的任务，重新确立了退休制度的地位和作用，逐步明确了退休制度的发展方向，为适应新时期和"四化"建设的要求，对退休制度进行了调整和改革。

1978 年，我国全民所有制单位中，基本丧失劳动能力，需要退休、退职的工人约有 200 多万人，全国需要安置的老弱病残干部约有 60 万人。当时党和国家有一部分干部，由于年龄和身体关系不能继续坚持正常工作，这些干部在我国新民主主义革命和社会主义革命中，为党和人民做了许多工作，对革命事业做出了宝贵贡献。妥善安置这些干部，使他们各得其所，是党对他们的关怀和爱护，是共产党干部政策的一个重要方面，也是我国社会主义制度优越性的具体体现。

人总是要老的，这是自然规律。由于年龄和身体的关系而离休、退休、担任顾问或荣誉职务，是正常的，也是光荣的。对离职、退休的干部，要在政治上、生活上关心他们，及时解决他们的各种实际困难。同时，也要教育老弱病残干部，一切从国家和人民的需要出发，服从党组织的安排。认真做好老弱病残干部的安置工作，对于精兵简政、提高工作效率，对于建设老中青三结合的精干的领导班子，对于社会主义革命和社会主义建设，都具有重要意义。鉴于这些情况，国家劳动总局、中央组织部会同有关部门起草了《国务院关于安置老弱病残干部的暂行办法》。

老年工人和因工、因病丧失劳动能力的工人，对社会主义革命和建设做出了应有的贡献。妥善安置他们的生活，使他们愉快地度过晚年，这是社会主义制度优越性的具体体现，同时也有利于工人队伍的精干，对实现我国的四个现代化，必将起到促进作用。

为了做好这项工作，1978 年 5 月 24 日召开的第五届全国人民代表大会常务委员会第二次会议原则批准了《国务院关于工人退休、退职的暂行办法》（国发〔1978〕104 号），国务院于 1978 年 6 月 2 日颁布，由各地试点后普遍推行。这个著名的 104 号文件第十三条明确规定："集体所有制企业、事业单位工人的退休、退职，由省、市、自治区革命委员会参照本办法，结合本地区集体所有制单位的实际情况，自行制定具体办法，其各项待遇，不得高于本办法所定的标准。"

《国务院关于安置老弱病残干部的暂行办法》《国务院关于工人退休、退职的暂行办法》在 1958 年两个《暂行规定》基础上又有新发展，这两个办法与 1958 年的两个规定相比，有六个明显的特点：

（1）考虑到干部与工人的情况有所不同，1978 年为老弱病残干部和退休、退职工人分别制定了两个办法。

（2）关于老弱病残干部的安置问题，1978 年的办法规定了五种措施：当顾问、担任荣誉职务、离职休养、退休、退职。

（3）关于离退休、退职后的待遇问题，1978 年的办法有三处较大的修改：一是把原来完全按工龄确定待遇的办法，改为中华人民共和国成立以前参加革命工作的，按参加革命的时期来确定待遇，首次规定了"离职休养"政策，体现了对中华人民共和国成立前参加革命的老同志毕生贡献的肯定和在生活上的照顾；中华人民共和国成立以后参加工作的，干部按工作年限、工人按连续工龄来确定待遇。同时，适当提高了退休费的标准。把退休分档待遇标准统一调整为本人标准工资的60%（工龄10—15 年）、70%（工龄 15—20 年）、75%（工龄 20 年以上）；另外，还规定了退职费的最低保证数。二是退职补助费由过去一次性发放改为按月发放，直至退职干部职工去世为止。三是对因工致残、完全丧失劳动能力的干部和工人的退休费，做了较大的提高。

（4）1978 年的办法规定，工人退休、退职以后，可以招收其一名符合招工条件的子女参加工作。

（5）1978 年的办法规定，对离休干部和退休、退职的干部、工人发给 150 元或 300 元的易地安家补助费。

（6）1978 年的办法还规定，过去已按有关规定办理了退休的干部和工人，其退休费的标准低于新标准的，可以改按新标准发给。

国务院两个暂行办法的颁布施行，使干部职工退休工作开始走上制度化、规范化的轨道，搭建了离退休制度的政策框架。104 号文件的政策效力长达几十年，在我国社会保障史上具有里程碑意义。

1979 年 7 月 29 日，邓小平同志在接见参加中共海军委员会常委扩大会议的全体同志的讲话中，明确提出建立干部退休制度的问题。他说得很生动："庙只有那么大，菩萨只能要那么多，老的不退出来，新的进不去，这是很简单的道理。因此，老同志要有意识地退让。要从大处着眼，小道理要服从大道理，不要一涉及到自己的具体问题就不通了。我们将来要建立退休制度。"① 邓小平同志关于干部实行离退休制度的建议，得到中央大多数人的赞同。

后邓小平同志又在 1980 年明确提出"坚决解放思想，克服重重障碍，打破老框框，勇于改革不合时宜的组织制度、人事制度，大力培养、发现和破格使用优秀人才，坚决同一切压制和摧残人才的现象作斗争"② 等要求，并强调："关键是要健全干部的选举、招考、任免、考核、弹劾、轮换制度，对各级各类领导干部（包括选举产生、委任和聘用的）职务的任期，以及离休、退休，要按照不同情况，作出适当的、明确的规定。"③ 邓小平同志不仅指出了人事制度改革的必要性、紧迫性，而且还指明了改革的方向和应当采取的方法，为开展人事制度改革提供了宝贵的理论依据。

1980 年 2 月，中共十一届五中全会讨论《中国共产党章程》修改草案，明确提出废止领导职务终身制。1980 年 8 月，中央政治局扩大会议提出了新时期选用干部的基本方针：革命化、年轻化、知识化、专业化。

当时我们国家的老干部，在长期的革命斗争和社会主义建设事业中，艰苦奋斗，努力工作，为国家和人民做出了重大贡献，是党和国家的宝贵财富。但是，随着年龄的增长，老干部当中不能坚持正常工作的将愈益增多。

根据党和国家关心、爱护老干部的传统，让年老体弱、不能坚持正常工作的老干部离职休养，在政治上予以尊重、生活上予以照顾，这是改革和完善我国干部制度的一项重要措施，也是社会主义制度优越性的体现。这既有利于保护老干部的健康，继续发挥他们的积极性，也有利

---

① 邓小平．邓小平文选　第二卷［M］．北京：人民出版社，1994：193.

② 邓小平．邓小平文选　第二卷［M］．北京：人民出版社，1994：326.

③ 邓小平．邓小平文选　第二卷［M］．北京：人民出版社，1994：331.

于年轻干部的选拔成长。

为此，1980 年 9 月 29 日，全国人大常务委员会批准了《国务院关于老干部离职休养的暂行规定》（国发〔1980〕253 号）。该规定共分十二条，其第十一条明确提出："本规定自颁发之月起实行，适用于党政机关、人民团体和全民所有制企业、事业单位的干部，以及因工作需要由组织委派到集体所有制企业、事业单位工作的国家干部。"

20 世纪 80 年代初，国务院各部委领导班子平均年龄约为 63 岁，省、自治区、直辖市党政领导班子平均年龄约为 62 岁。省部级领导干部中 50 岁以下的仅占总数的 15%。

鉴于这种情况，陈云于 1981 年 5 月撰写了《提拔培养中青年干部是当务之急》一文，专门致信中央，提出了培养选拔中青年干部是当务之急的问题，还分送邓小平、胡耀邦和中组部部长宋任穷，并建议专门"在六中全会时议论一下青年干部的问题"。

6 月，陈云召集中共中央组织部、解放军总政治部负责人座谈，主持起草了《关于老干部离退休问题座谈会纪要》，提出"干部必须实行离休、退休制度，这是根本办法"，建议"党必须制定干部离休、退休的条例"。

同年 7 月，党中央召开省、市、自治区党委书记座谈会。陈云在讲话中大声疾呼："必须成千上万地提拔中青年干部。"[①] 陈云认为，培养选拔成千上万德才兼备的中青年干部，关系到社会主义事业的全局。他不仅指出了培养选拔中青年干部的紧迫性和重要性，还提出了"德才兼备"的选拔标准，设计了培养选拔的途径和方法。

1982 年 2 月，中共中央做出《关于建立老干部退休制度的决定》（中发〔1982〕13 号），标志着我国干部离退休制度的正式建立，拉开了干部制度改革的序幕。干部离退休制度的建立，是党和国家领导制度

---

① 陈云. 陈云文选 第三卷第五分册 [M]. 北京：人民出版社，2005：559 - 570.

改革的一个重要成果，是党的历史上具有里程碑意义的事件，对推进新老干部的合作与交替、保证党的事业薪火相传起到了重要的历史性作用。

正如邓小平同志 1985 年在中国共产党全国代表会议上所指出的："几年来老干部的合作和交替，进行得比较顺利。从中央到地方的党政军各级领导岗位，都补充了一批德才兼备年富力强的优秀干部。一批老同志以实际行为，带头废除领导职务终身制，推进干部制度的改革，这件事在党的历史上值得大书特书。"①

建立老干部退休制度具有四个方面的重要意义：

1. 实行老干部退休制度，是废除领导职务终身制、进行干部新老交替、保持干部队伍生机与活力的重要措施。正如邓小平同志所说："不建立这个制度，我们的机构臃肿、人浮于事的状况，以及青年人上不来的问题，都无法解决。有了退休制度，对各个部门、各级职务的干部的退休年龄有了明白规定，就可以使人人都知道自己到哪一年该退休。"②

2. 实行老干部退休制度，是激发广大在职干部积极性的重要手段。

3. 实行老干部退休制度，是实现国家长治久安的重要保证。正如邓小平同志所说："国家不建立退休制度会影响到整个国家的生气，军队不建立退休制度，也就不能保持自己的生气。"③

4. 实行老干部退休制度，是社会主义制度优越性的具体体现。老干部退休制度建立后，离休干部数量经历了一个由少到多、再由多到少的变化过程。

《关于建立老干部退休制度的决定》正式推行一年多后，到 1983 年 6

①　人民日报. 在中国共产党全国代表会议上的讲话［DB/OL］. (1985－09－24)［2023－07－04］. http://192.168.30.70：957/.

②　邓小平. 邓小平文选　第二卷［M］. 北京：人民出版社，1994：226.

③　邓小平. 邓小平文选　第二卷［M］. 北京：人民出版社，1994：288.

月，省委常委、正副省长的人数由原来的 698 人减少到 452 人，减少 35%；平均年龄由 62 岁降到 55 岁，其中 55 岁以下者由原来的 15% 提高到 48%；具有大专以上文化程度的由 20% 提高到 42%。新提拔省级党政领导干部 201 人，占新领导班子成员的 44%，其中大部分是中青年干部，具有大专以上文化程度者占 71%①。

1985 年，《人民日报》发表文章《谈谈职工退休的保险制度》，指出：1953 年在《劳动保险条例》中规定的我国职工退休制度，三十多年来仅于 1958 年、1978 年和 1983 年做过一些小的修改和调整，基本的方面没有什么变化。

首先，全国没有一个统筹的劳动保险基金，职工退休费用由企业承担。"文化大革命"以前，我国职工退休费用是全国统筹的，各企业按工资总额的 3% 提取劳动保险基金，由工会组织在各地区、产业之间调剂使用。但 1966 年以后一段时间，工会停止活动，没有专门机构对此进行管理。1969 年 11 月，财政部军管会发出通知，将劳动保险基金改为由各企业营业外列支（1980 年后，扩权企业由利润留成中开支）。结果，造成了新老企业之间退休费用负担苦乐不均，退休人员多的老企业负担过重，有的甚至难以为继，发不起退休费。一些 20 世纪 50 年代公私合营的老企业，情况更为严重。与此同时，退休人员也统统由原单位负责管理，加重了企业和各单位的负担，分散了领导的精力，不利于加强经营管理和搞好生产与工作。

其次，退休制度不健全。20 世纪 50 年代初建立的退休制度主要适用于全民所有制单位，后来一些区、县以上的城镇"大集体"所有制单位，参照全民所有制单位的办法实行了退休制度，但许多区、县以下的"小集体"所有制单位和个体劳动者，一直没有退休办法。截至当时，全国仍有一千多万城镇集体所有制职工和个体劳动者，没有实行劳动保险制

---

① 宋任穷. 干部队伍"四化"方针的提出和形成 [J]. 党建研究，1996（06）：10 – 12.

度，职工退休后生活无保障。即使是实行了劳动保险制度的集体所有制单位，也大都因其经济发展不稳定，底子薄、积累少，靠自己负担退休费用及其他保险费用，困难很大。

再次，退休缺乏统一管理，政出多门。全国当时退休办法主要有三条线：一是地方干部一套办法，由中组部和国家人事部门拟定，各级党委组织部门和政府人事部门负责管理；二是军队干部一套办法，由解放军总政治部拟定，部队组织部门和地方民政部门共同管理；三是工人一套办法，由国家劳动部门拟定，各级劳动部门和工会共同管理。由于没有统一的制度和管理，各方面往往侧重于自己的情况制定政策，在实际执行中也往往难以较好地协调，势必产生许多矛盾。

到 1983 年止，我国退休职工已达 1300 万人，占全体职工人数的11.3%，一年支付的退休费用达 87 亿元，占职工工资总额的 9.3%。当时预计到 1990 年，全国退休职工将达 2100 万人，退休费用 150 亿元；当时预计到 2000 年，退休职工将达 3400 万人，退休费用近 300 亿元。对这样一大批退休人员和一大笔资金，如何革除现行制度的弊端，进行正确有效的管理，不仅仅是个经济问题，也是一个很大的社会问题，必须引起人们的足够重视。

1987 年党的十三大报告指出："当前干部人事制度改革的重点，是建立国家公务员制度，即制定法律和规章，对政府中行使国家行政权力、执行国家公务的人员，依法进行科学管理。国家公务员分为政务和业务两类。政务类公务员，必须严格依照宪法和组织法进行管理，实行任期制，并接受社会的公开监督。党中央和地方党委，依照法定秩序向人大推荐各级政务类公务员的候选人，监督管理政务类公务员中的共产党员。业务类公务员按照国家公务员法进行管理，实行常任制。凡进入业务类公务员队伍，应当通过法定考试，公开竞争；他们的岗位职责有明确规范，对他们的考核按法定的标准和秩序进行，他们的升降奖惩应以工作实绩为主要依据；他们的训练、工资、福利和退休的权利由法律保障。"

1988 年 11 月 29 日，全国人事工作会议在京召开。这次会议研究了今后一个时期机构改革、人事制度改革和机关事业单位工资改革的设想，指出用大约 5 年时间，初步建立体现机关、事业单位包括教育、科研、卫生等系统各自特点的不同工资制度，逐步建立正常的工资增长机制，机关、事业单位工资总额与国民收入保持合理的增长比例关系，并按照物价上涨水平适时调整工资标准，同时，离、退休人员的待遇问题也将给予妥善解决。

江泽民同志在党的十四大报告中指出：要"积极建立待业、养老、医疗等社会保障制度"，"认真执行干部离退休制度，继续推进新老干部的交替与合作。要切实从政治上生活上关心离退休干部，使他们老有所为，安度晚年"，"重视研究人口老龄化问题，认真做好这方面的工作"。这一系列精神，为进一步做好干部退休工作不仅明确了工作任务，而且指明了改革方向。

时任人事部副部长程连昌在 1992 年 10 月召开的全国干部退休工作会议上指出，退休干部管理要走社会化新路，干部退休工作要按照国家、集体和个人共同合理负担的原则，结合机构改革、干部人事制度改革、工资制度改革，建立机关、事业单位工作人员社会养老保险制度，实行国家保障、社会保障与个人自我保障相结合的办法，保障退休人员的生活，减轻国家负担，促进经济发展，积极探索退休干部管理社会化的新路子①。

---

① 人民日报. 人事部负责人强调：退休干部要走社会化新路［DB/OL］.（1992 – 10 – 30）［2021 – 02 – 04］. http：//192. 168. 30. 70：957/.

表1　1978—1993 年全国离休、退休、退职人员年末人数[①]

年　份	合　计	国有经济单位	城镇集体经济单位	其他各种经济单位	离退休、退职人数与职工人数的比例(以离退休、退职人数为1)
一、绝对数(万人)					
1978	314.0	248.0	30.0		1:30.3
1979	596.0	437.0	123.0		1:16.7
1980	816.0	638.0	178.0		1:12.8
1981	950.0	740.0	210.0		1:11.5
1982	1 113.0	865.0	248.0		1:10.1
1983	1 292.0	1 015.0	277.0		1:8.9
1984	1 478.0	1 062.0	412.0	4.0	1:8.0
1985	1 637.0	1 165.0	467.0	5.0	1:7.5
1986	1 805.0	1 303.0	496.0	6.0	1:7.1
1987	1 968.0	1 424.0	538.0	6.0	1:6.7
1988	2 120.0	1 544.0	568.0	8.0	1:6.4
1989	2 201.0	1 629.0	562.0	10.0	1:6.2
1990	2 301.0	1 724.0	566.0	11.0	1:6.1
1991	2 433.0	1 833.0	588.0	12.0	1:6.0
1992	2 598.0	1 972.0	609.0	17.0	1:5.7
1993	2 780.0	2 143.0	596.0	41.0	1:5.4
二、比上年增长%					
1979	89.8	76.2	310.0		
1980	36.9	46.0	310.0		
1981	16.4	16.0	18.0		
1982	17.2	16.9	18.1		
1983	16.1	17.3	11.7		
1984	14.4	4.6	48.7		
1985	10.8	9.7	13.3	25.0	
1986	10.3	11.8	6.2	20.0	
1987	9.0	9.3	8.5		
1988	7.7	8.4	5.6	33.3	
1989	3.8	5.5	−1.1	25.0	
1990	4.5	5.8	0.7	10.0	
1991	5.7	6.3	3.9	9.1	
1992	6.8	7.6	3.6	41.7	
1993	7.0	8.7	−2.1	141.2	

注：本表包括民政部门和总后支付离休、退休、退职费的人数.

五、退休制度改革阶段（1993 年至今）

1993 年，为保障国有企业深化改革的顺利进行，我国建立起"统账结合"的企业职工养老保险制度。迫于改革的压力，事业单位仍在

① 国家统计局人口与就业统计司，劳动部综合计划与工资司. 中国劳动统计年鉴 ［M］. 北京：中国统计出版社，1994：463.

单位的劳动保险基金不敷开支，可以在本省、自治区、直辖市或者本产业系统内进行调剂（当时企业的劳动保险基金，有的是由地方工会管理，有的是由产业工会管理），仍然不足的时候，差额部分由本单位行政支付。这是考虑到在实行新规定以后，退休人员和过去比较会增加许多，有些地区、产业的劳动保险基金可能不敷开支，但是一时又不能够修改《劳动保险条例》，提高劳动保险基金的征收比例，因此有必要规定不足的差额部分由企业行政方面负担。

（四）规定的适用范围

《劳动保险条例》中的有关退休养老的规定，只适用于百人以上的工矿企业及交通运输、基本建设部门，新规定则没有这种限制，这是为了能够更多地退休处理一些年老和身体衰弱、丧失劳动能力的人员。这个规定对于合作社营的企业，规定只适用于供销合作社，因为当时供销合作社的工作人员也都是领取工资的工人、职员，和国营商店的情况相仿。至于手工业合作社和运输合作社的成员，主要是社员本身，所以不能适用这个规定。另外，未定息的公私合营企业一般规模很小，也很少雇请工人、职员，所以也不适用这个规定。

二、退休制度完善阶段（1958 年—1966 年）

这个时期，我国对机关事业单位工作人员和企业职工实行了统一的退休办法，确立了军官的退休制度，并对集体制单位的退休制度进行了补充，更多的群体被纳入到退休制度的体系中。

经 1957 年 11 月 16 日全国人民代表大会常务委员会第八十五次会议原则批准，1958 年 2 月 6 日国务院全体会议第七十次会议修改通过，国务院颁布了《国务院关于工人、职员退休处理的暂行规定》。与原草案相比，该规定增加了一条，补充和修改的有六条，有以下一些变化：

1. 增加了工人、职员因工作而致残完全丧失劳动能力后退休处理的原有的退休制度下运行。随着经济的向前发展，养老保险制度存在事业单位和企业两种不同的退休模式，两种不同模式的共存带来的矛盾日益凸显。

在这样的背景下，党中央、国务院对机关事业单位养老保险制度的改革也愈发重视，于当年相继出台各项实施办法，包括《机关工作人员工资制度改革实施办法》《事业单位工作人员工资制度改革实施办法》《机关、事业单位艰苦边远地区津贴实施办法》。以上这些政策的实施，为机关事业单位执行国家制定的工资政策提供了法律依据。

1993 年 8 月 19 日，《国家公务员暂行条例》（以下简称《条例》）经李鹏总理签署正式颁布。《条例》紧紧围绕贯彻执行党的基本路线这个根本指导思想，继承了我们党和国家几十年干部人事工作的优良传统，总结了十余年来干部人事制度改革的成功经验，借鉴了国外人事管理中反映现代人事管理规律的一些有益的做法。总之，这是一部适应建立社会主义市场经济体制的需要，使我国政府机关人事管理逐步走向科学化、法制化的总章程，标志着在我国各级国家行政机关中开始实施国家公务员制度，并以此推动整个人事制度的改革。

《条例》是在党中央、国务院的直接领导和关怀下，随着干部人事制度改革的不断发展形成的。高层会议进行了多次讨论，仅在八届人大会议之后，总理办公会就讨论研究了两次。《条例》从酝酿提出、调研起草、讨论修改、进行试点、补充完善、培训骨干到正式颁布，大体经历了八年时间，实际上是一个不断落实邓小平同志干部人事制度改革要求的过程，是不断探索将科学的人事管理理论与中国实际相结合的过程，也是采取领导与群众相结合，集中各方面智慧的过程。

《条例》颁布后，人事制度改革的步伐加快、力度加大，进入全面、系统、深层次的改革发展阶段。人事制度改革的基本思路包括：提出了"建立健全与社会主义市场经济体制相配套的人事管理体制"的设想，即建立健全分类管理的人事制度，科学合理的工资制度，多层次的社会保险制度；建立健全宏观人事管理体系，人才市场体系，人事法规体系。"相配套"包括两个方面的配套：对外与市场经济相配套，同频共振，同步前进；对内是三个制度、三个体系相互配套，相互协调，同步发展。

建立健全分类管理的人事制度，就是要按照党的十四大提出的要求，逐步建立符合机关、事业、企业单位不同特点的科学的分类管理体制和有效的激励机制。在国家机关建立和推行公务员制度，逐步创造一个公开、平等、竞争、择优的用人环境，建立一套干部能上能下、能进能出、充满活力的管理机制，形成一套法制完备、纪律严明的监督体系。企业人事制度改革，主要抓一个制度、两支队伍，即现代企业人事制度和企业家队伍、科技人员队伍。

建立健全科学合理的工资制度，就是机关、事业单位要按照按劳分配、效率优先、兼顾公平、引进激励竞争机制、打破平均主义、合理拉开差距的原则，进一步完善工资制度。要建立正常的工资增长机制，同时注意做到使工资总额的增长低于国民收入的增长，职工平均工资的增长低于劳动生产率的增长。

建立健全多层次的社会保险制度，就是要按照国务院的分工，人事部门主要管好机关、事业单位的三种保险——养老、失业、工伤保险制度改革。这是人事制度改革的组成部分和配套措施，已经到了非改不可的时候了。市场经济运行有两大系统，即动力系统和稳定系统，分配和保险都属于稳定系统。只有保持稳定，动力系统才能加快。到1994年有500多万退休干部，将近200万离休干部。社会上60岁以上的老人迅速增长，财政负担将难以承受，需要早作准备。这个问题不解决，将制约经济的发展，影响第二、第三步战略目标的实现。总体思路是实行权力、义务、强制性相结合；国家、集体、个人同负担；行政管理和基金运营相分离；社会统筹与个人账户相结合。发展方向是按照党中央、国务院建立多层次社会保障体制的要求，逐步建立健全与市场经济体制相配套，与社会生产力发展水平相适应，与各项人事制度改革相衔接，既体现机关事业单位的特点和规律，又与企业、农村和医疗卫生保险相协调的社会保险制度。

建立健全宏观人事管理体系，就是要转变政府人事部门的职能，强化拟定法规、综合管理、协调指导、监督检查的职能，弱化直接管理微观事务工作方面的职能，下放人事管理工作的部分权限，改变单纯的人头管理方式，加强人才资源的开发。管理方法要由过去靠行政命令、指令性计划为主的直接管理，改为法律、政策、制度的间接管理为主；从微观的具体事务管理为主，改为培养、使用、管理并举的综合管理为主；从大量的短期临时性的工作，转变为搞预测、制订长远规划、着眼于人才结构的调整、加强信息服务等等。要在思想理论、宏观思路、方针政策、制度措施、总量结构、推广典型经验等方面，加强对人事工作的宏观指导。

建立健全人才市场体系，就是要通过培育、健全、发展人才市场来解决人才短缺和人才积压并存的矛盾，实现五个转变：即逐步实现人才闲置与人才奇缺向市场交流、调剂余缺、合理配置转变；从现实存在的人才单位部门所有向社会所有、合理流动转变；人才流动由单向选择向双向选择转变；人才市场由"集市型"向"经营型"转变；人才资源配置由统包统配的模式，向在国家宏观管理下发挥人才市场起基础性作用的模式转变。

江泽民同志在上海、长春召开的企业座谈会上指出：要"建立、完善劳动力市场，形成人员合理流动的机制"[①]。改革的目标是设想到本世

---

① 人民日报. 坚定信心，明确任务，积极推进国有企业改革——在上海、长春召开的企业座谈会上的讲话（1995 年 5 月 22 日、26 日）[DB/OL]. (1995 – 07 – 13) [2023 – 07 – 05]. http：//192.168.30.70：957/.

纪末，在全国范围内逐步建立起职能完善、机制健全、法规配套、指导及时、服务周到的人才市场体系，使各种人才尽可能地实现合理流动、合理配置、合理使用。改革的目的就是要为经济建设服务，为用人单位服务，为各类人才服务。人才市场的政策导向有两条，一是向国家重点工程需要的单位引导倾斜，二是向艰苦边远地区引导倾斜。人才流动是社会发展的产物，是社会进步的表现，是按照社会再生产的要求进行人才配置、不断形成新的生产力的过程。对人才流动只能宏观调控，因势利导。人事部门在人才市场中的位置应该是，从政府部门的角度监管；站在公正、公平的立场上进行协调；为双方服务。

加强专业技术队伍管理是人事部门的一项重要工作，其中培养跨世纪学术和技术带头人，建设一支高水平的科技队伍更是一项紧迫的战略任务。为此，要树立科学技术是第一生产力，人才资源是第一资源，尊重知识、尊重人才是第一位任务，人事部门第一把手要直接抓这项工作的观念，实施培养科学技术带头人的"百千万人才工程"，进一步完善政府特殊津贴、有突出贡献专家选拔、博士后研究制度以及鼓励海外人才为祖国服务和留学人员回国工作方面的政策，改革职称评定和专业技术职务聘任制度，建立科学的人才测评与评估机制，加速建设一支高水平专业技术人员队伍，适应我国科教兴国和现代化建设的需要。

建立健全人事法规体系，把人事行政行为纳入法制化的轨道。领导制度、组织制度问题更带有根本性、全局性、稳定性和长期性。有了制度才能依法管理、规范管理。抓住制度建设就抓住了工作的根本。要不断总结新经验、探索新路子、形成新制度，用制度去选人用人，靠制度去培养人约束人。人事法规体系主要有：公务员管理法规；人才市场、人员调配方面的法规；专业技术人员管理方面的法规；企事业单位人事管理法规和机关事业单位人员工资福利保险方面的法规。法规工作要做到有规划、有重点、有配套、有节奏，选择好出台时机，更要注重抓好制度的实施落实，使好的制度真正能够发挥应有的作用。

20 世纪 90 年代各个部委纷纷出台了相应的退休政策，如：国家气象局（今中国气象局）1993 年 3 月 1 日颁布的《气象部门退休干部工作暂行规定》、文化部（今文化和旅游部）1996 年 1 月 10 日颁布的《文化部直属艺术表演团体离退休人员管理试行办法》（文干发〔1996〕8 号）、邮电部 1996 年 4 月 15 日颁布的《邮电部门退休干部工作暂行规定》等。

仅仅有政策指导还不够全面，政府还大力推进事业单位养老保险制度改革试点工作。1992 年 1 月 27 日，人事部（今人力资源和社会保障部）发布《人事部关于机关、事业单位养老保险制度改革有关问题的通知》，并在云南、江苏、福建、山东、辽宁、山西等地开始局部试点，但最终由于各地试点步调不一，没有形成全国统一的事业单位养老保险的全面改革方案，也由于我国当时相关配套制度、政策的不规范，最终导致各地的事业单位养老保险改革并没有得到真正贯彻落实[①]，改革最后以失败告终。

这次改革失败的一个原因是企事业单位职工养老保险待遇差距偏大，而造成企事业单位职工养老金差距的主要原因是机关、事业单位和企业退休职工实行不同的退休制度。除此之外，企事业单位的人员结构不一样，导致养老金计算口径不一样、计发办法不一样、调整的办法和机制不一样、资金渠道不一样，也是造成企事业单位职工养老金差距偏大的原因。

党的十四大至十五大期间，为适应建立社会主义市场经济体制的需要，我国机关事业单位社会保险制度改革逐步推开，到 1997 年全国已有 1700 多个地市县进行了改革，参保人数达 1132 万多人，相当于事业单位总人数的三分之一，取得了明显成效；全国机关事业单位社会保险基金

---

① 李西 . 我国机关事业单位退休制度改革路径研究［D］. 湖北：武汉科技大学，2012. 硕士论文 .

滚存积累已达 78 亿元，比 3 年前增加了 69 亿元。

1998 年 3 月，第九届全国人民代表大会第一次会议批准了《国务院机构改革方案》，组建劳动和社会保障部（2008 年 3 月，第十一届全国人民代表大会第一次会议批准了《国务院机构改革方案》，不再保留劳动和社会保障部）。该部门是在原劳动部基础上组建的，该部门的设立首先表明国家在促进社会保障基金管理工作的统一部署正式实施；其次在管理体制上，规范、统一了我国机关事业单位和企业的社会保险。

2000 年 12 月，国家颁布《国务院关于完善城镇社会保障体系试点方案》，并选取辽宁省作为主要试点省对该方案进行实施。社会保障体系包括社会保险、社会救济、社会福利、优抚安置和社会互助等内容，该方案主要从完善社会保障体系的角度出发，涉及城镇职工基本养老、基本医疗、失业等社会保险制度和城市居民最低生活保障制度。试点方案中规定：对于公务员和全部由财政供款的事业单位人员的养老保险制度仍保持现行标准不变；对于已改制为企业的事业单位，单位员工基本养老保险制度比照城镇企业职工基本养老保险制度执行，其中已退休人员的基本退休金保持现有水平不变；对于享受财政部分供款的事业单位职工的养老保险改革方案另行制定。

2003 年 6 月 19 日，中共中央办公厅、国务院办公厅关于转发劳动和社会保障部等部门《关于积极推进企业退休人员社会化管理服务工作的意见》的通知发布。该意见指出：企业退休人员社会化管理服务是指职工办理退休手续后，其管理服务工作与原企业分离，养老金实行社会化发放，人员移交城市街道和社区实行属地管理，由社区服务组织提供相应的管理服务。

街道和社区的社会化管理服务工作主要包括：配合社会保险经办机构做好确保养老金按时足额发放工作，保障企业退休人员的基本生活；为企业退休人员提供社会保险政策咨询和各项查询服务；跟踪了解企业退休人员生存状况，协助社会保险经办机构进行领取养老金资格认证；帮助死亡企业退休人员的家属申请丧葬补助金和遗属津贴；集中管理企业退休人员的人事档案；组织企业退休人员中的党员经常开展组织活动，加强企业退休人员的思想政治工作；建立企业退休人员健康档案，有计划地开展健康教育、疾病预防控制和保健工作，提供方便的医疗、护理和康复服务；组织企业退休人员开展文化体育健身活动，指导和帮助他们通过各种形式的社会公益活动发挥余热，开展自我管理和互助服务。企业退休人员中由中央管理的领导干部的移交、管理问题，另行规定。由县（市）以上各级党委管理的企业退休领导干部，在纳入街道和社区管理时，人事档案暂不移交，街道和社区可先建立这些退休人员基本情况的信息库。

在 2003 年 10 月召开的党的十六届三中全会上，正式通过了《中共中央关于完善社会主义市场经济体制若干问题的决定》。在该决定第九点第 30 个要点中，第一次提出了"积极探索机关和事业单位社会保障制度改革"这项议题。

九、推进就业和分配体制改革，完善社会保障体系

（28）深化劳动就业体制改革。把扩大就业放在经济社会发展更加突出的位置，实施积极的就业政策，努力改善创业和就业环境。坚持劳动者自主择业、市场调节就业和政府促进就业的方针。鼓励企业创造更多的就业岗位。改革发展和结构调整都要与扩大就业紧密结合。从扩大就业再就业的要求出发，在产业类型上，注重发展劳动密集型产业；在企业规模上，注重扶持中小企业；在经济类型上，注重发展非公有制经济；在就业方式上，注重采用灵活多样的形式。完善就业服务体系，加强职业教育和技能培训，帮助特殊困难群体就业，规范企业用工行为，保障劳动者合法权益。

（29）推进收入分配制度改革，完善按劳分配为主体、多种分配方式并存的分配制度，坚持效率优先、兼顾公平，各种生产要素按贡献参与分配，整顿和规范分配秩序，加大收入分配调节力度，重视解决部分社会成员收入差距过分扩大问题。以共同富裕为目标，扩大中等收入者比重，提高低收入者收入水平，调节过高收入，取缔非法收入，加强对垄断行业收入分配的监管。健全个人收入监测办法，强化个人所得税征管。完善和规范国家公务员工资制度，推进事业单位分配制度改革。规范职务消费，加快福利待遇货币化。

（30）加快建设与经济发展水平相适应的社会保障体系。完善企业职工基本养老保险制度，坚持社会统筹与个人账户相结合，逐步做实个人账户。将城镇从业人员纳入基本养老保险。建立健全省级养老保险调剂基金，在完善市级统筹基础上，逐步实行省级统筹，条件具备时实行基本养老金的基础部分全国统筹。健全失业保险制度，实现国有企业下岗职工基本生活保障向失业保险并轨。继续完善城镇职工基本医疗保险制度，医疗卫生和药品生产流通体制的同步改革，扩大基本医疗保险覆盖面，健全社会医疗救助和多层次的医疗保障体系。继续推行职工工伤和生育保险。<u>积极探索机关和事业单位社会保障制度改革。</u>完善城市居民最低生活保障制度，合理确定保障标准和方式。采取多种方式包括依法划转部分国有资产充实社会保障基金。强化社会保险费征缴，扩大征缴覆盖面，规范基金监管，确保基金安全。鼓励有条件的企业建立补充保险，积极发展商业养老、医疗保险。农村养老保障以家庭为主，同社区保障、国家救济相结合。有条件的地方探索建立农村最低生活保障制度。

图 2 　中共中央关于完善社会主义市场经济体制若干问题的
决定（局部）《人民日报》2003 年 10 月 22 日第 1、2 版

温家宝总理在 2005 年的《政府工作报告》中指出，政府部门应当研究制定机关事业单位养老保障制度改革方案。同年，国务院发布的《关于 2005 年深化经济体制改革的意见》第八条中明确写到"研究制订机关事业单位养老保障制度改革方案"。

2005 年 4 月 27 日，中华人民共和国第十届全国人民代表大会常务委员会第十五次会议通过《中华人民共和国公务员法》，共十八章一百零七条，其中第十四章"退休"中第八十七条规定："公务员达到国家规定的退休年龄或者完全丧失工作能力的，应当退休。"第八十八条规定："公务员符合下列条件之一的，本人自愿提出申请，经任免机关批准，可以提前退休：（一）工作年限满三十年的；（二）距国家规定的退休年龄不足五年，且工作年限满二十年的；（三）符合国家规定的可以提前退休的其他情形的。"第八十九条规定："公务员退休后，享受国家规定的退休金和其他待遇，国家为其生活和健康提供必要的服务和帮助，鼓励发挥个人专长，参与社会发展。"

2008 年 2 月 29 日，温家宝总理主持召开国务院常务会议，研究部署事业单位工作人员养老保险制度改革试点工作。会议讨论并原则通过了《事业单位工作人员养老保险制度改革试点方案》（国发〔2008〕10 号），确定在山西、上海、浙江、广东、重庆 5 省市先期开展试点，与事业单位分类改革配套推进。

试点的主要内容包括：养老保险费用由单位和个人共同负担，退休待遇与缴费相联系，基金逐步实行省级统筹，建立职业年金制度，实行社会化管理服务等。会议指出，事业单位工作人员养老保险制度改革涉及面广、政策性强，必须先行试点，积累经验，积极稳妥地推进。试点地区和有关部门要切实加强组织领导，周密部署，妥善处理好改革前后待遇水平上的平稳衔接，确保试点工作顺利进行。该方案通过让事业单位先行探索，逐步形成可以值得参考借鉴的学习模式，对于各个省市改革中遇到的困难与问题进行总结，收获总结改革经验。改革的主要目的就是改变事业单位原有的养老保险筹资模式等，使事业单位养老保险制度向企业职工的养老保险制度平稳过渡。

2010年6月，深圳市公布了《深圳市行政机关聘任制公务员社会养老保障试行办法》，开始试行"职业年金制"。聘任制公务员的"职业年金"类似于企业补充养老年金，是指公职人员基本养老保险之外的补充养老保险。这种制度在国外实践多年，取得了较好效果，而在国内目前还只是存在于一些较大的企业当中。实施这一举措的目的，在于弥补聘任制公务员与委任制公务员退休待遇的差距。更可贵的是，这一改革还为我国的社会养老方式探索提供了一条新思路。自20世纪90年代初，我国企业率先推行养老保险改革，但机关和事业单位仍维持原有退休制度，仅这一项每年就要花掉政府数百亿元的财政拨款。摆脱退休金双轨制已是大势所趋，公务员要缴纳养老金也是必然趋势。

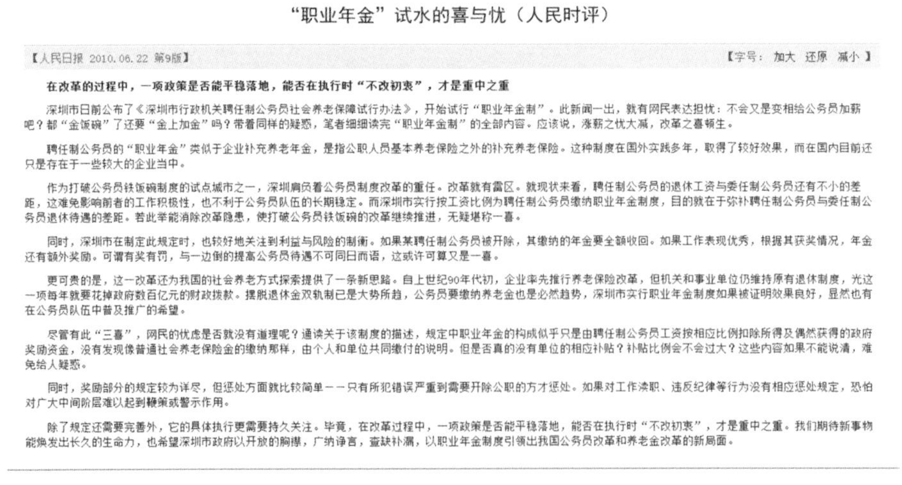

"职业年金"试水的喜与忧（人民时评）

【人民日报 2010.06.22 第9版】　　　　　　　　　　　　　　【字号：加大 还原 减小 】

在改革的过程中，一项政策是否能平稳落地，能否在执行时"不改初衷"，才是重中之重

深圳市日前公布了《深圳市行政机关聘任制公务员社会养老保障试行办法》，开始试行"职业年金制"。此新闻一出，就有网民表示担忧：不会又是变相给公务员加薪吧？都"金饭碗"了还要"金上加金"吗？带着同样的疑虑，笔者细细读完"职业年金制"的全部内容。应该说，涨薪之忧大减，改革之喜顿生。

聘任制公务员的"职业年金"类似于企业补充养老年金，是指公职人员基本养老保险之外的补充养老保险。这种制度在国外实践多年，取得了较好效果，而在国内目前还只是存在于一些较大的企业当中。

作为打破公务员铁饭碗制度的试点城市之一，深圳肩负着公务员制度改革的重任。改革就有需区。就现状来看，聘任制公务员的退休工资与委任制公务员还有不小的差距，这难免影响前者的工作积极性，也不利于公务员队伍的长期稳定。而深圳市实行按工资比例为聘任制公务员缴纳职业年金制度，目的就在于弥补聘任制公务员与委任制公务员退休待遇的差距。若此举能消除改革隐忧，使打破公务员铁饭碗的改革继续推进，无疑堪称一喜。

同时，深圳市在制定此规定时，也较好地关注到利益与风险的制衡。如果某聘任制公务员被开除，其缴纳的年金要全额收回。如果工作表现优秀，根据其获奖情况，年金还有额外奖励。可谓有奖有罚，与一边倒的提高公务员待遇不可同日而语。这或许可算又是一喜。

更可贵的是，这一改革还为我国的社会养老方式探索提供了一条新思路。自上世纪90年代初，企业率先推行养老保险改革，但机关和事业单位仍维持原有退休制度，光这一项每年就要花掉政府数百亿元的财政拨款。摆脱退休金双轨制是大势所趋，公务员要缴纳养老金也是必然趋势。深圳市实行职业年金制度如果能证明效果良好，显然也有在公务员队伍中普及、推广的希望。

尽管有此"三喜"，网民的忧虑是否就没有道理呢？通读关于该制度的描述，规定中职业年金的构成似乎只是由聘任制公务员工资按相应比例扣除所得及偶然获得的政府奖励资金，没有发现像普通社会养老保险金的缴纳那样，由个人和单位共同缴付的说明。但是真的没有单位的相应补贴？补贴比例会不会过大？这些内容又不能说清，难免给人疑惑。

同时，奖励部分的规定较为详尽，但惩处方面就比较简单——只有犯错误严重到需要开除公职的才给惩处。如果对工作涣散、违反纪律等行为没有相应惩处规定，恐怕对广大中间阶层难以起到鞭策或警示作用。

除了规定尚需完善之外，它的具体执行更需要持久关注。毕竟，在改革过程中，一项政策是否能平稳落地，能否在执行时"不改初衷"，才是重中之重。我们期待新事物能焕发出长久的生命力，也希望深圳市政府以开放的胸怀，广纳诤言，查缺补漏，以职业年金制度引领出我国公务员改革和养老金改革的新局面。

图3　"职业年金"试水的喜与忧（人民时评）
《人民日报》2010年6月22日第9版

温家宝总理在 2011 年的《政府工作报告》中指出，就当前经济形势下积极推进对事业单位养老保险制度改革显得尤为重要，尤其是对现行单位保障制度的改革刻不容缓，要做到尽早统一事业单位和企业基本养老保险制度模式。

2010 年 10 月 28 日，第十一届全国人民代表大会常务委员会第十七次会议通过《中华人民共和国社会保险法》，将事业单位及其职工纳入基本养老保险制度覆盖范围，并于 2011 年 7 月 1 日正式实施。该法律第十条规定："公务员和参照公务员法管理的工作人员养老保险的办法由国务院规定。"这一规定从法律层面将事业单位与企业的退休制度一致对待，并将公务员的养老保险纳入社会统筹范围。

事业单位养老保险制度是中国社会保障制度的重要组成部分。长期以来，事业单位实行退休金制度，这对于保障退休人员生活、维护社会稳定发挥了重要作用。但随着社会主义市场经济的发展，也存在一些问题亟待解决，尤其是《事业单位工作人员养老保险试点制度改革方案》出台之后，五个试点省市近几年的进展一直非常缓慢。如何解决改革中所遇到的难点，切实推进事业单位养老保险制度改革发展，是需要深入研究的重大现实问题。

按照党的十八大和十八届三中、四中全会精神，根据《中华人民共和国社会保险法》等相关规定，为统筹城乡社会保障体系建设，建立更加公平、可持续的养老保险制度，国务院决定改革机关事业单位工作人员养老保险制度。

2015 年 1 月 14 日，国务院印发《关于机关事业单位工作人员养老保险制度改革的决定》（国发〔2015〕2 号）（以下简称《决定》），决定从 2014 年 10 月 1 日起对机关事业单位工作人员养老保险制度进行改革，职工养老金实现了从劳动保险制度向社会保险制度的转变。

《决定》指出，机关事业单位养老保险制度改革要坚持全覆盖、保基本、多层次、可持续方针，以增强公平性、适应流动性、保证可持续性为重点，改革现行机关事业单位工作人员的退休制度，逐步建立起独立于机关事业单位之外、资金来源多渠道、保障方式多层次、管理服务社会化的养老保险体系。

《决定》规定，机关事业单位实行社会统筹与个人账户相结合的基本养老保险制度，由单位和个人共同缴费；改革基本养老金计发办法，待遇水平与缴费相关联，建立多缴多得、长缴多得的激励机制；建立基本养老金正常调整机制，统筹考虑机关、企事业单位退休人员和城乡居民的基本养老金调整；加强养老保险基金管理和监督，确保基金安全；做好养老保险关系转移接续工作，促进人员合理流动；同步建立职业年金制度，形成多层次的养老保险体系；建立健全养老保险筹资机制，确保待遇发放；逐步实行社会化管理服务，不断提高管理服务水平。

机关事业单位养老保险制度改革后，与原来制度相比有以下重大变革：

第一，改革的范围。确定为按照公务员法管理的单位、参照公务员法管理的机关（单位）、事业单位及其编制内的工作人员参加机关事业单位养老保险。这样规定，与现行机关事业单位编制管理和经费保障制度是相适应的。纳入改革范围的单位和人员，实行社会统筹与个人账户相结合的基本养老保险，从而根本改变了制度模式，从单位保障变为社会保障。

第二，缴费的基数和比例。规定单位及其工作人员都要缴纳养老保险费。单位按工资总额的20%缴费；个人按本人缴费工资的8%缴费，本人缴费工资高于当地职工平均工资3倍的部分不纳入缴费基数，低于平均工资60%的以60%为基数缴费，即"300%封顶、60%托底"。个人缴费全部计入个人账户，统一计息。这与企业职工基本养老保险政策是基本一致的，有利于实现制度之间的衔接。这是养老保障筹资机制的重大变革，从较为单一的由财政供款为主的渠道变为单位和个人缴费、财政承担养老保险基金的兜底责任的多渠道筹资，形成单位、个人、政府共担的新机制。

第三，基本养老金待遇计发办法。改革后，基本养老金待遇分为两部分：一是基础养老金，以社会平均工资和本人缴费工资的平均值为基数，每缴费 1 年计发 1 个百分点，即缴费年限越长，待遇水平越高。二是个人账户养老金，累计历年个人缴费的本息，除以规定的计发月数。从《决定》附件《个人账户养老金计发月数表》可以看出：同样年龄退休的，计发月数相同，缴费越多，待遇水平越高；而同样个人账户积累的，退休越晚，计发月数越少，即除数越小，因而待遇水平越高。这是对退休养老待遇确定机制的重大改革，即由原来按"最终工资"的一定比例分档计发退休费，改为主要按照本人历年缴费多少、缴费期长短来计算养老金标准，工作人员的职务、工资变动可以精细计算到每年甚至每个月，能够充分体现个人全部职业生涯所做贡献。这样规定，也是与企业职工的基本养老金待遇计发办法相一致的，更加公平，也更富有激励性，有利于引导单位为每个在职职工为自己将来养老保障依法履行缴费义务。

第四，改革后还将建立职业年金。职业年金在机关事业单位实施，资金来源由两部分构成：单位按工资总额的 8% 缴费，个人按本人缴费工资的 4% 缴费，两部分资金构成的职业年金基金都实行个人账户管理。工作人员退休时，依据其职业年金积累情况和相关约定按月领取职业年金待遇。这有利于构建多层次养老保险体系，优化机关事业单位退休人员养老待遇结构。

2015 年 4 月 6 日，国务院办公厅印发《机关事业单位职业年金办法》（以下简称《办法》）。《办法》规定，从 2014 年 10 月 1 日起实施机关事业单位工作人员职业年金制度。这是机关事业单位养老保险制度改革的重要组成部分，对于建立多层次、可持续养老保险制度，保障机关事业单位工作人员退休后的生活、促进人力资源合理流动具有重要意义。

《办法》还规定，职业年金强制建立，发挥机关事业单位基本养老保险的补充作用；适用范围和缴费基数均与基本养老保险的相关规定一致，切实维护制度统一；实行单位和个人共同缴费，采取个人账户方式管理；个人账户资金随同工作变动转移，促进人员的合理流动；根据本人退休时的个人账户储存额确定待遇水平，缴费与待遇挂钩；社保经办机构负责职业年金的经办管理，不断提高管理服务水平；职业年金基金实行市场化投资运营，实现保值增值；政府部门加强监管，确保资金安全。

职业年金是一种补充养老保障制度，主要有三个特点：第一，职业年金既不是完全意义上的社会保险，也不是商业保险，而是机关事业单位人力资源管理、薪酬福利管理的重要组成部分；第二，职业年金的责任主体是机关事业单位及其人员，职业年金是机关事业单位及其人员依据自身经济状况建立的保障制度；第三，职业年金资金的本质属性是保值增值，进而决定了职业年金资产对投资的内在需求。

职业年金主要发挥两方面的作用：一是补充养老。《办法》明确，单位缴纳职业年金费用的比例为本单位工资总额的8%，个人缴费比例为本人缴费工资的4%，由单位代扣。从本质上看，职业年金是职工工资的延期支付，这种延期支付的目的，是为职工未来的退休养老做准备，以避免基本养老保险不足导致生活水平下降。从这个意义上讲，职业年金将对提高养老金替代率、缓解财政压力发挥重要作用，也将有利于机关事业单位养老保险制度改革的平稳过渡。二是人事管理。建立职业年金制度，有利于吸引、留住人才，促进人才流动。

表 2　1989—2020 年全国基本养老保险参保人数情况①

年　份 Year	合计 Total	城镇职工基本养老 保险参保人数 Persons Covered by the Urban Employees Basic Pension Insurance	职工人数 Workers	离退休人员人数 Retirees	城乡居民基本养老 保险参保人数 Persons Covered by the Basic Pension Insurance for Urban and Rural Residents
绝对数(万人) Absolute figure (10 000 persons)					
1989	5710.3	5710.3	4816.9	893.4	
1990	6166.0	6166.0	5200.7	965.3	
1991	6740.3	6740.3	5653.7	1086.6	
1992	9456.2	9456.2	7774.7	1681.5	
1993	9847.6	9847.6	8008.2	1839.4	
1994	10573.5	10573.5	8494.1	2079.4	
1995	10979.0	10979.0	8737.8	2241.2	
1996	11116.7	11116.7	8758.4	2358.3	
1997	11203.9	11203.9	8670.9	2533.0	
1998	11203.1	11203.1	8475.8	2727.3	
1999	12485.4	12485.4	9501.8	2983.6	
2000	13617.4	13617.4	10447.5	3169.9	
2001	14182.5	14182.5	10801.9	3380.6	
2002	14736.6	14736.6	11128.8	3607.8	
2003	15506.7	15506.7	11646.5	3860.2	
2004	16352.9	16352.9	12250.3	4102.6	
2005	17487.9	17487.9	13120.4	4367.5	
2006	18766.3	18766.3	14130.9	4635.4	
2007	20136.9	20136.9	15183.2	4953.7	
2008	21891.1	21891.1	16587.5	5303.6	
2009	23549.9	23549.9	17743.0	5806.9	
2010	35984.1	25707.3	19402.3	6305.0	10276.8
2011	61573.3	28391.3	21565.0	6826.2	33182.0
2012	78796.3	30426.8	22981.1	7445.7	48369.5
2013	81968.4	32218.4	24177.3	8041.0	49750.1
2014	84231.9	34124.4	25531.0	8593.4	50107.5
2015	85833.4	35361.2	26219.2	9141.9	50472.2
2016	88776.8	37929.7	27826.3	10103.4	50847.1
2017	91548.3	40293.3	29267.6	11025.7	51255.0
2018	94293.3	41901.6	30104.0	11797.7	52391.7
2019	96753.9	43487.9	31177.5	12310.4	53266.0
2020	99864.9	45621.1	32858.7	12762.3	54243.8
比上年增长(%) Increase over Preceding Year %					
1990	8.0	8.0	8.0	8.0	
1991	9.3	9.3	8.7	12.6	
1992	40.3	40.3	37.5	54.8	
1993	4.1	4.1	3.0	9.4	
1994	7.4	7.4	6.1	13.0	
1995	3.8	3.8	2.9	7.8	
1996	1.3	1.3	0.2	5.2	
1997	0.8	0.8	-1.0	7.4	
1998	0.0	0.0	-2.3	7.7	
1999	11.4	11.4	12.1	9.4	
2000	9.1	9.1	10.0	6.2	
2001	4.2	4.2	3.4	6.6	
2002	3.9	3.9	3.0	6.7	
2003	5.2	5.2	4.7	7.0	
2004	5.5	5.5	5.2	6.3	
2005	6.9	6.9	7.1	6.5	
2006	7.3	7.3	7.7	6.1	
2007	7.3	7.3	7.4	6.9	
2008	8.7	8.7	9.2	7.1	
2009	7.6	7.6	7.0	9.5	
2010	52.8	9.2	9.4	8.6	
2011	71.1	10.4	11.1	8.3	222.9
2012	28.0	7.2	6.6	9.1	45.8
2013	4.0	5.9	5.2	8.0	2.9
2014	2.8	5.9	5.6	6.9	0.7
2015	1.9	3.6	2.7	6.4	0.7
2016	3.4	7.3	6.1	10.5	0.7
2017	3.1	6.2	5.2	9.1	0.8
2018	3.0	4.0	2.9	7.0	2.2
2019	2.6	3.8	3.6	4.3	1.7
2020	3.2	4.9	5.4	3.7	1.8

①　国家统计局人口和就业统计司，人力资源和社会保障部规划财务司．中国劳动统计年鉴
[M]．北京：中国统计出版社，2021：351．

表3 1989—2020年全国基本养老保险基金情况①

单位：亿元 (100 million yuan)

年份 Year	基本养老保险 Basic Pension Insurance			城镇职工基本养老保险 Urban Employees Basic Pension Insurance			城乡居民基本养老保险 Basic Pension Insurance for Urban and Rural Residents		
	基金收入 Revenue	基金支出 Expenses	累计结余 Balance at the Year-end	基金收入 Revenue	基金支出 Expenses	累计结余 Balance at the Year-end	基金收入 Revenue	基金支出 Expenses	累计结余 Balance at the Year-end
1989	146.7	118.8	68.0	146.7	118.8	68.0			
1990	178.8	149.3	97.9	178.8	149.3	97.9			
1991	215.7	173.1	144.1	215.7	173.1	144.1			
1992	365.8	321.9	220.6	365.8	321.9	220.6			
1993	503.5	470.6	258.6	503.5	470.6	258.6			
1994	707.4	661.1	304.8	707.4	661.1	304.8			
1995	950.1	847.6	429.8	950.1	847.6	429.8			
1996	1171.8	1031.9	578.6	1171.8	1031.9	578.6			
1997	1337.9	1251.3	682.8	1337.9	1251.3	682.8			
1998	1459.0	1511.6	587.8	1459.0	1511.6	587.8			
1999	1965.1	1924.9	733.5	1965.1	1924.9	733.5			
2000	2278.5	2115.5	947.1	2278.5	2115.5	947.1			
2001	2489.0	2321.3	1054.1	2489.0	2321.3	1054.1			
2002	3171.5	2842.9	1608.0	3171.5	2842.9	1608.0			
2003	3680.0	3122.1	2206.5	3680.0	3122.1	2206.5			
2004	4258.4	3502.1	2975.0	4258.4	3502.1	2975.0			
2005	5093.3	4040.3	4041.0	5093.3	4040.3	4041.0			
2006	6309.8	4896.7	5488.9	6309.8	4896.7	5488.9			
2007	7834.2	5964.9	7391.4	7834.2	5964.9	7391.4			
2008	9740.2	7389.6	9931.0	9740.2	7389.6	9931.0			
2009	11490.8	8894.4	12526.1	11490.8	8894.4	12526.1			
2010	13872.9	10755.3	15787.8	13419.5	10554.9	15365.3	453.4	200.4	422.5
2011	18004.8	13363.2	20727.8	16894.7	12764.9	19496.6	1110.1	598.3	1231.2
2012	21830.2	16711.5	26243.5	20001.0	15561.8	23941.3	1829.2	1149.7	2302.2
2013	24732.6	19818.7	31274.8	22680.4	18470.4	28269.2	2052.3	1348.3	3005.7
2014	27619.9	23325.8	35644.5	25309.7	21754.7	31800.0	2310.2	1571.2	3844.6
2015	32195.5	27929.4	39937.1	29340.9	25812.7	35344.8	2854.6	2116.7	4592.3
2016	37990.8	34004.3	43965.2	35057.5	31853.8	38580.0	2933.3	2150.5	5385.2
2017	46613.8	40423.8	50202.2	43309.6	38051.5	43884.6	3304.2	2372.2	6317.6
2018	55005.3	47550.4	58151.6	51167.6	44644.9	50901.3	3837.7	2905.5	7250.3
2019	57025.9	52342.3	62872.6	52918.8	49228.0	54623.3	4107.0	3114.3	8249.2
2020	49228.6	54656.5	58075.2	44375.7	51301.4	48316.6	4852.9	3355.1	9758.6

① 国家统计局人口和就业统计司，人力资源和社会保障部规划财务司. 中国劳动统计年鉴 [M]. 北京：中国统计出版社，2021：352.

表 4　1999—2020 年全国机关事业单位城镇职工基本养老保险情况①

年　份 Year	年末参保人数(万人) Persons Covered at the Year-end (10 000 persons)			基金收支情况(亿元) Revenue and Expenses(100 million yuan)		
	合　计 Total	职工 Workers	离退休人员 Retirees	基金收入 Revenue	基金支出 Expenses	累计结余 Balance at the Year-end
1999	762.5	642.6	119.9	93.2	61.8	89.3
2000	1131.0	977.6	153.4	189.8	145.4	186.1
2001	1278.2	1068.9	209.3	253.0	204.4	233.2
2002	1458.0	1199.4	258.6	387.8	340.1	364.5
2003	1625.3	1322.0	303.3	470.6	405.9	441.7
2004	1674.0	1346.4	327.6	529.9	470.9	475.7
2005	1772.1	1409.8	362.3	601.6	545.0	534.3
2006	1909.7	1512.9	396.8	677.2	609.4	619.8
2007	1902.3	1492.6	409.7	823.6	811.3	633.2
2008	1939.7	1504.1	435.6	940.1	882.0	690.0
2009	1983.0	1524.0	459.0	1070.3	1007.8	751.8
2010	2072.9	1579.6	493.3	1201.1	1145.0	818.1
2011	2108.0	1595.0	513.0	1409.9	1339.3	888.5
2012	2154.9	1620.2	534.7	1638.0	1553.3	973.3
2013	2168.9	1612.6	556.2	1831.7	1729.0	1076.9
2014	2178.5	1598.7	579.8	2004.2	1907.4	1173.7
2015	2237.9	1632.5	605.5	2727.7	2671.8	1229.6
2016	3666.2	2586.7	1079.5	6364.9	5988.7	1609.8
2017	4976.6	3411.3	1565.3	10379.7	9510.4	2499.3
2018	5418.6	3601.4	1817.2	13775.5	13144.3	3140.0
2019	5582.9	3668.8	1914.2	14816.9	14572.8	3402.2
2020	5713.2	3735.1	1978.1	14195.3	13689.1	3914.9

---

①　国家统计局人口和就业统计司，人力资源和社会保障部规划财务司. 中国劳动统计年鉴
[M]. 北京：中国统计出版社，2021：353.

表5 1989—2020年全国企业及其他城镇职工基本养老保险情况①

年 份 Year	年末参保人数(万人) Persons Covered at the Year-end (10 000 persons)			基金收支情况(亿元) Revenue and Expenses(100 million yuan)		
	合 计 Total	职工 Workers	离退休人员 Retirees	基金收入 Revenue	基金支出 Expenses	累计结余 Balance at the Year-end
1989	5710.3	4816.9	893.4	146.7	118.8	68.0
1990	6166.0	5200.7	965.3	178.8	149.3	97.9
1991	6740.3	5653.7	1086.6	215.7	173.1	144.1
1992	9456.2	7774.7	1681.5	365.8	321.9	220.6
1993	9847.6	8008.2	1839.4	503.5	470.6	258.6
1994	10573.5	8494.1	2079.4	707.4	661.1	304.8
1995	10979.0	8737.8	2241.2	950.1	847.6	429.8
1996	11116.7	8758.4	2358.3	1171.8	1031.9	578.6
1997	11203.9	8670.9	2533.0	1337.9	1251.3	682.8
1998	11203.1	8475.8	2727.3	1459.0	1511.6	587.8
1999	11722.9	8859.2	2863.7	1871.9	1863.1	644.2
2000	12486.4	9469.9	3016.5	2088.3	1970.0	761.0
2001	12904.3	9733.0	3171.3	2235.1	2116.5	818.6
2002	13278.6	9929.4	3349.2	2783.6	2502.8	1243.5
2003	13881.4	10324.5	3556.9	3209.4	2716.2	1764.8
2004	14678.9	10903.9	3775.0	3728.5	3031.2	2499.3
2005	15715.8	11710.6	4005.2	4491.7	3495.3	3506.7
2006	16856.6	12618.0	4238.6	5632.5	4287.3	4869.1
2007	18234.6	13690.6	4544.0	7010.6	5153.6	6758.2
2008	19951.4	15083.4	4868.0	8800.1	6507.6	9241.0
2009	21567.0	16219.0	5348.0	10420.6	7886.6	11774.3
2010	23634.4	17822.7	5811.6	12218.4	9409.9	14547.2
2011	26284.0	19970.0	6314.0	15484.8	11425.7	18608.1
2012	28271.9	21360.9	6910.9	18363.0	14008.5	22968.0
2013	30049.5	22564.7	7484.8	20848.7	16741.5	27192.3
2014	31945.9	23932.3	8013.6	23305.4	19847.2	30626.3
2015	33123.2	24586.8	8536.5	26613.2	23140.9	34115.2
2016	34263.5	25239.6	9023.9	28692.6	25865.1	36970.3
2017	35316.7	25856.3	9460.4	32929.8	28541.1	41385.2
2018	36483.0	26502.6	9980.5	37392.1	31500.6	47761.2
2019	37905.0	27508.7	10396.3	38101.9	34655.3	51221.2
2020	39907.9	29123.6	10784.2	30180.4	37612.3	44401.7

全球经济指标（Trading Economics）由 Antonio J Fernandes Sousa 和

① 国家统计局人口和就业统计司，人力资源和社会保障部规划财务司．中国劳动统计年鉴[M]．北京：中国统计出版社，2021：354．

Anna Fedec 在纽约创办，该平台提供了 197 个国家的经济指数，包括超过了 30 万条历史数据、汇率、股指、国债收益、大宗商品价格等精准信息，除了各种指标外，还对各国的经济进行大数据预测分析，是一个拥有全世界多个国家和地区的经济年鉴，有数值对比和未来分析预测，可以查各国股票市场行情、劳动力水平、物价水平，还有各种经济领域的实时及历史数据和数据预测。

下图为全球经济指标平台展示的 2012 年—2022 年我国退休年龄（分男性、女性）以及劳动力相关指标内容：

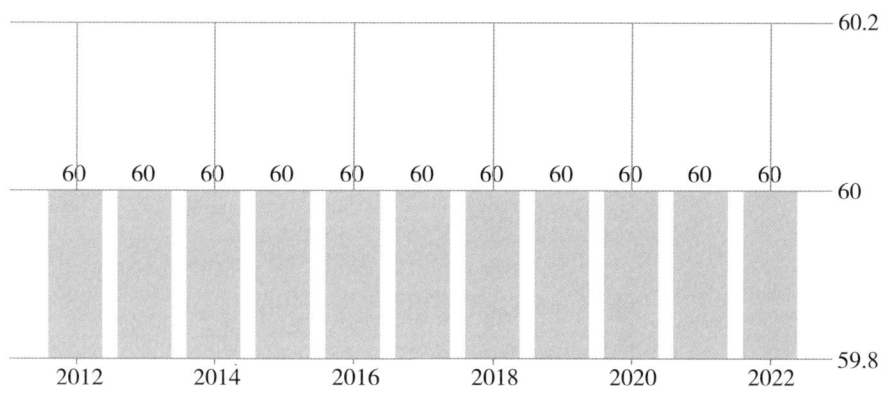

男性退休年龄 Retirement Age Men

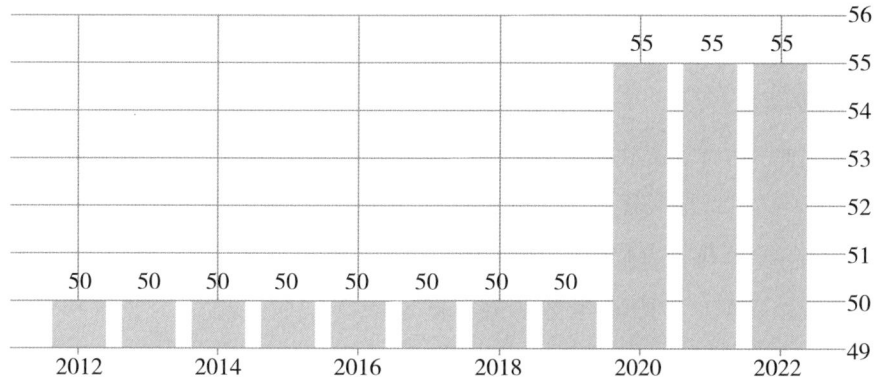

女性退休年龄 Retirement Age Women

图 4　中国 2012 年—2022 年退休年龄（男性、女性）

表6 中国劳动力相关指标统计①

中国劳动力	最新数据	前次数据	历史日期	历史最高值	历史最低值	单位	统计截点
失业率	5.3	5.4	2002 – 2022	6.2	3.9	%	2022 年 8 月
就业人数	74652	75064	1952 – 2021	76349	20729	万	2021 年 12 月
失业人数	1102	1040	2004 – 2022	1186	810	万	2022 年 3 月
劳动力成本	72.3	69.9	2011 – 2022	97.4	57.1	指数点（index points）	2022 年 9 月
工资	106837	97379	1952 – 2021	106837	445	人民币/年	2021 年 9 月
最低工资	2590	2590	2006 – 2022	2590	690	人民币/月	2022 年 1 月
人口	1412.60	1412.12	1950 – 2021	1412.60	551.96	百万	2021 年 12 月
女性退休年龄	55	55	2009 – 2022	55	50	岁	2022 年 12 月
男性退休年龄	60	60	2009 – 2022	60	60	岁	2022 年 12 月

2014 年 10 月 1 日，机关事业单位养老与企业养老"并轨"，实行同样的社会统筹与个人账户相结合的基本养老保险制度。"并轨"后，机关事业单位退休人员待遇调整不再与同职级在职职工增长工资直接挂钩。从 2005 年到 2015 年，国家连续 11 年较大幅度提高企业退休人员基本养

———

① China – Economic Indicators［EB/OL］.［2022 – 10 – 09］. https：//tradingeconomics. com/china/retirement – age – men.

老金，2015 年达到 2200 多元，与 2004 年的月人均 647 元相比，提高了 2
倍多，年平均增长率 12% 左右。

　　2016 年 6 月经国务院批准，人力资源社会保障部、财政部印发《关
于 2016 年调整退休人员基本养老金的通知》，从 2016 年 1 月 1 日起，为
2015 年年底前已按规定办理退休手续并按月领取基本养老金的企业和机
关事业单位退休人员提高基本养老金水平，总体调整水平为 2015 年退休
人员月人均基本养老金的 6.5% 左右。这是我国连续第十二次上调企业退
休人员养老金，也是首次企业与机关事业单位退休人员养老金同步调整。
当时预计将有 8500 多万企业退休人员、1700 多万机关事业单位退休人员
受益，共将惠及 1 亿多名退休人员。

　　2018 年 2 月 1 日实施的《企业年金办法》有八个方面的变化：一是
弱化了企业年金的自愿性质，鼓励引导符合条件的企业建立企业年金。
二是下调了筹资规模上限。企业缴费不超过年度工资总额的 8%（2004
年颁布的《企业年金试行办法》为 8.33%），企业和职工缴费之和不超
过年度工资总额的 12%（《企业年金试行办法》为 16.67%）。三是对企
业缴费分配差距做出限制。企业当期缴费分配至职工个人账户的最高额，
不得超过平均额的 5 倍。四是增加了企业年金方案变更、终止，以及中
止和恢复缴费的内容。五是明确了职工企业年金个人账户中企业缴费及
其投资收益的归属规则。六是适当放宽了待遇领取条件。职工完全丧失
劳动能力的，可以领取企业年金。七是完善了待遇领取方式。职工达到
领取条件后，可以按月、分次或者一次性领取企业年金，也可以购买商
业养老保险产品。八是扩大了适用范围。《企业年金办法》不仅适用于城
镇各类企业，参加企业职工基本养老保险的其他用人单位及其职工都可
以建立企业年金。

　　2018 年 3 月，退休人员养老金继续上调。人力资源和社会保障部、
财政部联合下发《关于 2018 年调整退休人员基本养老金的通知》，明确

从 2018 年 1 月 1 日起,为 2017 年年底前已按规定办理退休手续并按月领取基本养老金的企业和机关事业单位退休人员提高基本养老金水平,总体调整水平为 2017 年退休人员月人均基本养老金的 5% 左右。这是国家自 2005 年以来连续第十四年调整企业退休人员基本养老金,也是继 2016 年以来连续第三年同步安排适当提高企业和机关事业单位退休人员养老金水平,当时预计将有 1.14 亿名退休人员受益。

2020 年 4 月,人力资源社会保障部、财政部印发《关于 2020 年调整退休人员基本养老金的通知》(人社部发〔2020〕22 号),明确从 2020 年 1 月 1 日起,为 2019 年年底前已按规定办理退休手续并按月领取基本养老金的企业和机关事业单位退休人员提高基本养老金水平,总体调整水平为 2019 年退休人员月人均基本养老金的 5%。根据通知,此次调整继续统一采取定额调整、挂钩调整与适当倾斜相结合的调整办法,定额调整体现社会公平,同一地区各类退休人员调整标准基本一致;挂钩调整体现"多缴多得""长缴多得"的激励机制,使在职时多缴费、长缴费的人员多得养老金;适当倾斜体现重点关怀,主要是对高龄退休人员和艰苦边远地区退休人员等群体予以照顾。

第三章　我国港澳地区退休制度

一、我国香港地区退休制度

法律上香港没有所谓的退休年龄，也就是说，无论年纪多大，都可以被聘请成为员工，也可以继续当自雇人士。然而，一般公司和机构都会让员工在 65 岁退休，这是约定俗成，原因是过去一直视 65 岁为大限，强制性公积金可领取的年龄也是 65 岁。

自 20 世纪 50 年代始，香港差不多每十年便为设立社会保险或退休保障作出研究咨询，但退休制度至今仍存在不少争议，目前香港的退休制度主要依赖个人储蓄、投资和强积金作重要支柱。

香港的《职业退休计划条例》（ORSO）于 1993 年 10 月 15 日生效，所有在香港或从香港营办的自愿性职业退休计划，均受该条例管理。ORSO 计划作为强积金的前身，是由雇主自愿建立，为雇员提供的退休福利，具有高度个性化特征，适用的规则和条款由单个雇主与 ORSO 提供商起草。

该条例旨在为某些职业计划设立一项注册制度，以确保所有自愿成立的职业退休计划均获妥善管理及供款，并力求保障雇员可如期获得支付退休计划利益。该条例除适用于所有在香港营办及由香港营办的自愿性职业退休计划外，也涵盖为受雇于香港的成员提供利益的离岸计划

（即以香港以外地方为本籍的计划，该计划或信托受外地法律制度所管限）。所有职业退休计划均须注册，或根据该条例的规定获处长发出豁免证明书，个别职业退休计划的规则，例如涵盖范围、登记安排、供款率及归属比例等，均在计划所属的管限规则内说明。

为提高养老保障覆盖率，1995 年香港制定了《强制性公积金计划条例》。该条例是强积金计划的制度订立架构的主体法例，依据此法例于1998 年 9 月成立强制性公积金管理局（简称"香港积金局"）。该局工作职责是：根据《职业退休计划条例》的规定，履行职业退休计划注册处处长的职责，工作包括（但不限于）：（1）处理与职业退休计划有关的各类更改及申请；（2）监察职业退休计划，确保所有获豁免计划及注册计划持续符合规定；（3）与关注退休计划行业的专业团体和业界组织保持紧密联系。

强制性公积金管理局也负责根据《强制性公积金计划（豁免）规例》，豁免若干符合资格的职业退休计划遵守强积金规定，以及发出指引和监管获强积金豁免的职业退休计划。为配合强积金运行，强制性公积金管理局发布了大量的指引及规定。

《强制性公积金计划（豁免）规例》于2000 年12 月 1 日生效，旨在保障香港市民在退休后维持财务稳健，详列职业退休计划与强积金计划的衔接安排，说明在何种情况下，现有职业退休计划可获豁免遵守强积金规定，衔接安排的目的是尽量减少对现有计划造成干扰，避免影响雇主与现有雇员的合约关系；该规例旨在使所有雇员获得公平对待，以及保障他们的权利及利益，获发强积金豁免证明书的职业退休计划必须同时遵守《强制性公积金计划（豁免）规例》和《职业退休计划条例》的规定。

职业退休计划（俗称"公积金"）与强积金计划都是为香港雇员设立的职业退休保障计划，但两者的运作并不相同。职业退休计划是在强积金制度实施前，由雇主自愿为雇员设立的退休保障计划，因此其管限规则由个别雇主自行设定；强积金制度的设立，是为就业人士的退休生活作储蓄，是香港退休制度中重要的部分。自强积金制度于 2000 年实施后，积金局根据《强制性公积金计划（豁免）规例》豁免若干符合资格的职业退休计划（即获强积金豁免的职业退休计划），有关计划的雇主需要为新的有资格雇员提供一次机会，让他们选择参加强积金计划或获强积金豁免的职业退休计划。

表 7　职业退休计划与强积金计划的比较①

	职业退休计划		强积金计划
	非强积金豁免	获强积金豁免	
相关法例	《职业退休计划条例》	《职业退休计划条例》及《强制性公积金计划（豁免）规例》	《强制性公积金计划条例》（简称《强积金条例》）
性质	自愿性		强制性
薪金定义	视乎管限规则或信托契据而定（例如：基本薪金）		按《强积金条例》所界定的有关入息而定
向计划供款的款额	视乎管限规则或信托契据而定（例如：雇主：雇员每月基本薪金的 5%）		雇员：每月有关入息②的 5%（供款上限为每月 1500 港元；每月有关入息低于 7100 港元者无须供款）雇主：雇员每月有关入息的 5%（供款上限为每月 1500 港元）

---

① 强制性公积金计划管理局．《职业退休计划条例》［EB/OL］．（2021 – 02 – 18）［2021 – 03 – 06］．https：//www. mpfa. org. hk/tch/orso/legislation/orso/index. jsp.

② 注：有关入息是指雇主以金钱形式支付或须支付给雇员的金额。

包括：任何工资、薪金、假期津贴、费用、佣金、花红、奖金、合约酬金、赏钱和津贴。

不包括：《雇佣条例》下的遣散费或长期服务金。

续表

	职业退休计划		强积金计划
	非强积金豁免	获强积金豁免	
计划权益的归属	视乎管限规则或信托契据而定		全数及实时
参加资格	视乎管限规则或信托契据而定		18 至 64 岁
退休年龄	视乎管限规则或信托契据而定		65
保存及可调动性规定	没有	有（只适用于新成员）①	有
税务减免	按《税务条例》规定的可减免金额而定	雇员：每年最高 18000 港元 雇主：不超过雇员总薪酬的 15%	雇员：每年最高 18000 港元 雇主：不超过雇员年薪的 15%
管理费用承担者	视乎管限规则或信托契据而定		雇员
补偿基金	没有		有

在香港地区众多退休制度里，最常见的就是强积金。2018 年全港的 380 多万在职人士有 278 万人参加了 2000 年 12 月起实施的强制性公积金制度。根据强积金制度，雇员及雇主双方须分别向强积金账户作出雇员有关入息的 5% 的供款，供款金额受最低及最高有关入息水平的限制，而自雇人士也须以个人收入最小 5% 作为强制性供款。

但强积金对中下收入人士保障不足，如强积金对低收入人士来说，就算供了 40 年的强积金，退休后获得超过 20 多万强积金后，不符合领取综合社会保障援助及长者生活津贴资格，直至 70 岁后才能获得长者津贴舒缓压力；而对中收入人士来说，虽然获得 100 万至 300 万退休金，但数额不高难以做出均衡风险的投资，因此难以面对 20 至 40 年的退休生活。

---

① 注：新成员是指于 2000 年 12 月 1 日后加入职业退休计划的雇员。

事实上，多年来香港地区一些团体及政党都力争全民退休保障制度。"全民退休保障计划"是一种社会保障制度，当市民达到退休年龄后，无须通过任何经济审查，就能从政府取得固定金额的津贴以应付生活开支；而全民退休保障的原则是以税收和工作人口的供款，为长者退休后提供稳定及基本的生活保障，是应对人口老化及长者贫穷的政策。2012年10月，香港特区政府正式公布"长者生活津贴"建议细节，并于2012年12月7日，立法会财务委员会通过长者生活津贴计划，即在现行高龄津贴（锞金，面向70岁或以上的长者）计划基础上，为香港65岁或以上需要经济支援的长者提供经济援助，当时定额为每月2200港元。

自2022年9月1日起，香港社会福利署合并普通长者生活津贴和高额长者生活津贴为"长者生活津贴"，合并后的"长者生活津贴"会采用普通长者生活津贴较为宽松的资产限额并按高额长者生活津贴的金额发放。长者生活津贴旨在为香港65岁或以上有经济需要的长者每月提供特别津贴，以补助他们的生活开支。2023年2月1日起，长者生活津贴每月金额为4060港元。

2015年12月22日，香港特区政府成立的扶贫委员会公布《退休保障前路共建》咨询文件。该文件介绍，香港的退休保障制度沿用世界银行倡议的多根支柱发展模式，由多个计划组成。

表8　按世界银行的框架表述香港的退休保障制度①

	世界银行的五根支柱	香港退休保障制度
零支柱	由公帑支付的老年金或社会保障计划（无须或设有经济审查）	综合社会保障援助；长者生活津贴；高龄津贴；广东计划；伤残津贴

---

① 香港政府一站通. 立法会福利事务所委员会现行社会保障与退休保障制度的关系［EB/OL］.（2016 - 02 - 22）［2023 - 07 - 12］. https：//www. legco. gov. hk/yr15 - 16/chinese/panels/ws/papers/ws20160222cb2 - 893 - 1 - c. pdf.

续表

	世界银行的五根支柱	香港退休保障制度
第一支柱	公营管理的强制性供款计划（通常是随收随支）	没有
第二支柱	私营管理的强制性职业或私人退休供款计划	强积金强制性供款；职业退休计划；公务员长俸；补助/津贴学校公积金
第三支柱	自愿向职业或私人退休计划供款或储蓄	强积金自愿性供款；退休储蓄保险
第四支柱	公共服务、家庭支援和个人资产	公营房屋；公营医疗；院舍和社区照顾服务；长者医疗券；公共交通票价优惠；家庭支援；自置物业

香港的退休保障制度强调有能力工作的人士应自给自足，特区政府的角色是支持经济上无法自助的长者。换言之，在职人士通过强积金强制性供款、自愿性储蓄或退休投资等，计划自己及家人的退休生活（即第二、三、四支柱）。政府则利用税收在社会保障计划下进行财富再分配，通过不同的计划向长者提供社会安全网或补助（即零支柱），并大幅资助公营房屋、医疗、院舍和社区照顾等服务，照顾长者的日常需要（即第四支柱）。这样的安排较能确保制度在人口老化和维持香港低税率和简单税制的情况下，长久地持续运作。

成立扶贫委员会的目标是建立一个全面、足够、可持续、可承担和稳定的退休保障制度，让相关长者特别是不能自顾的长者，可以维持合理的生活水平。"全面"是指除收入保障外，制度也要提供住屋、医疗、福利等支持服务；"足够"是指收入保障是否足以支持晚年生活；"可持续"是指制度在财政上是否具有可持续性；"可承担"是指新增开支会否超越地方政府、雇主和雇员的承担能力；"稳定"是指制度在不同的经济表现情况下能否保持稳定，不因经济起伏而出现退休金须大幅削减的情况。这五个目标可共存但互相影响，扶贫委员会认为当前的挑战，是在它们之间寻找切合香港实际情况的平衡点。

2018 年，香港年金公司推出的一项以长者为对象的"终身年金计划"，被视为服务退休人士理财需求、加强香港多支柱退休保障制度的新举措。该计划是一种保险产品，以 65 岁或以上人士为对象，投保人在存入一次性保费后可即时开始提取年金，直至终老。保费金额上下限分别定为 100 万和 5 万港元。

香港地区的养老制度在"公平"及"效率"两大核心问题上，均有自己的特色。老年人除需要必要的经济能力外，因年老体弱，生活照顾上更需要有保障。居家养老、日托中心及机构养老是香港地区养老的几种模式，其中机构养老还分为多种院舍种类，针对不同情况的老人照护程度也不尽相同；一些低收入又需要照顾的孤寡老人，可以在养老院获得特区政府资助的宿位。除此之外，香港社会的养老产业亦较为发达，老年人在医疗、日常生活等方面均享受较大优惠。

下图为全球经济指标平台展示的 2012 年—2022 年香港退休年龄（分男性、女性）以及劳动力相关指标内容：

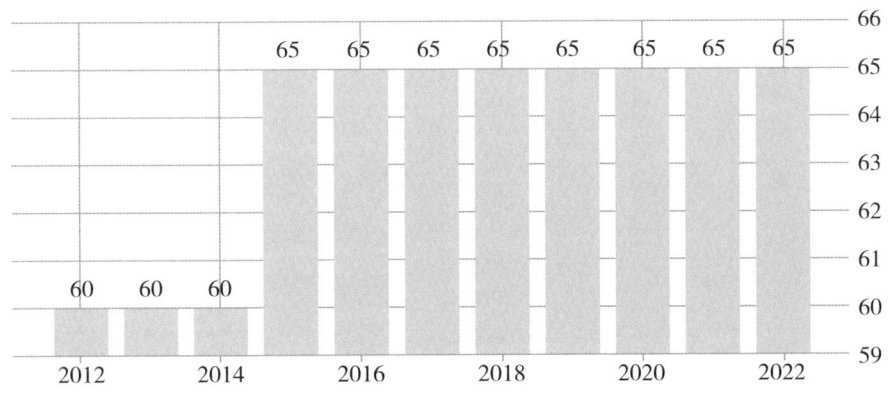

男性退休年龄 Retirement Age Men

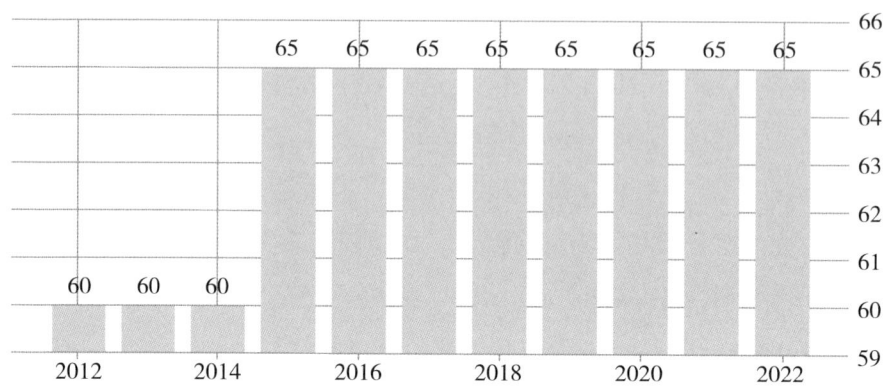

女性退休年龄 Retirement Age Women

图 5 2012 年—2022 年香港地区退休年龄（男性、女性）

表 9 香港地区劳动力相关指标统计①

香港劳动力	最新数据	前次数据	历史日期	历史最高值	历史最低值	单位	统计截点
失业率	4.1	4.3	1981 – 2022	8.5	1	%	2022 年 8 月
就业人数	3609.3	3593.1	1981 – 2022	3882.4	2370.6	千	2022 年 8 月
失业人数	161.9	168.2	1981 – 2022	307.7	24.9	千	2022 年 8 月
劳动力参与率	58.6	58.5	1981 – 2022	66.5	57.7	%	2022 年 8 月
职位空缺	62498	53696	1981 – 2022	127765	15919	个	2022 年 1 月
工资	17320	17146	1999 – 2022	17320	10382	港元/月	2022 年 1 月

① Hong Kong – Economic Indicators［EB/OL］.［2022 – 10 – 10］. https：//tradingeconomics. com/hong – kong/indicators.

续表

香港劳动力	最新数据	前次数据	历史日期	历史最高值	历史最低值	单位	统计截点
最低工资	37.5	37.5	2011－2022	37.5	28	港元/小时	2022 年 5 月
人口	7.47	7.5	1960－2020	7.5	3.08	百万	2020 年 12 月
男性退休年龄	65	65	2012－2022	65	60	岁	2022 年 12 月
女性退休年龄	65	65	2012－2022	65	60	岁	2022 年 12 月
青年失业率	7.5	7.4	1993－2022	12.1	1.9	%	2022 年 8 月

2019 年 2 月 14 日，香港金融发展局发表题为《强制性公积金制度的未来路向》的报告，提出多项建议，以完善香港的强制性公积金（强积金）制度。截至 2018 年 9 月 30 日，核准成分基金净资产值达 8580 亿港元，其中 6130 亿港元属净供款（自计划开始推行至 2018 年 9 月 30 日），2450 亿港元属期内净投资回报，强积金制度现在覆盖全港 73% 的就业人士。金融发展局建议设立推行"积金易"，可将"积金易"平台融入特区政府的智慧城市计划，从而减低行政成本和带来更佳的用户体验，有助提高成员的参与程度。金融发展局还建议提高香港强积金制度的供款水平，提供诱因以鼓励增加供款；为雇员自愿性供款提供税务优惠；容许强积金成员更灵活选择投资；为强积金引入更多资产类别和市场①。

---

① 人民网. 香港金发局建议完善强积金制度提升市民退休保障水平［EB/OL］.（2019－02－15）［2021－02－08］. http：//hm. people. cn/n1/2019/0215/c42272－30677666. html.

二、我国澳门地区退休制度

澳门特区政府退休制度只适用于公务员和服务人员。

（1）工作年限限制：只有当其年龄达到为担任某一职务而预先订定的年龄限制前，最少可以工作 15 年的公务员和服务人员，方得在澳门退休基金组织注册，加入退休保障制度；参加公职工作时年龄较大，按现有法定退休年龄规定，工作不足 15 年就必须退休的公务员和服务人员，不得参加退休保障制度。

（2）编制外人员：编制外合同人员和无编制内职位的定期委任人员，可在签定合同或者就职时声明参加或者不参加退休保障制度。

（3）退休金领取：参加退休保障制度的公务员、服务人员退休后，按月领取应得的退休金，退休人员须每年一次携带身份证明文件亲自到澳门退休基金会，或寄出经公证的证实其无法亲自前往的医生证明，证明其仍生存；退休后居住于澳门以外国家和地区的公务员和服务人员，可委托他人在澳门领取退休金，这类退休公务员、服务人员必须通过居住地政府出具的文件，证明其仍生存；退休公务员、服务人员丧失在退休前所任职位所要求的国籍或死亡后，退休终止，退休金停止发放；连续 3 年不领取退休金时，退休金亦不再发放。

（4）再次任职：已退休的公务员和服务人员，只有在例外且有合理解释的情况下，方可再次出任公职，该类人员再次出任公职时，以散位（指政府公共行政机关以不定期合约方式聘用的人员，通常担任较低职务，一般称为"散位"）为限，其薪俸为所任职务应有薪俸的 50%；因长期绝对无工作能力、受刑事处罚或纪律处分而退休的公务员、服务人员，不能再出任任何公职；违反规定的退休人员以及录用该退休人员的机关负责人应受纪律追究，并对缴回因担任该职务而收取的不正当款项负连带责任①。

澳门地区的社会保障制度始于 1989 年设立的"社会保障基金"。回归祖国后，澳门特区政府加大了对民生保障的投入，并在 2008 年提出双层式社会保障制度的构想，"双层"指的是第一层的社会保障制度及第二层的中央公积金制度。

社会保障制度最初成立主要目的是保障本地雇员，该制度分为强制性供款制度及任意性供款制度，具雇佣关系的雇员及雇主需向社会保障基金进行强制性供款，而符合法律规定的其他居民可通过登录任意性制度进行供款，收入来源主要是登录本制度的受益人（雇员、雇主、任意性制度供款人士）的定额供款、政府总预算经常性收入的 1% 拨款及博彩拨款。通过向符合资格受益人发放养老金、残疾金、失业津贴、丧葬津贴、结婚津贴、出生津贴、肺尘埃沉着病赔偿、因工作关系引起的债权等给付，为居民提供基本的社会保障，尤其是养老保障，以改善居民的生活品质。

特区政府于 2009 年通过《开立及管理中央储蓄制度个人账户的一般规则》行政法规，开始推行中央公积金制度，构建双层式社会保障制度的第二层。《公积金个人账户》法律于 2012 年 10 月 15 日生效，取代《中央储蓄制度》，为建立包含雇主及雇员供款的非强制性中央公积金制度构建基础，逐步推进双层式社会保障制度的实现，旨在加强及提升居民尤其是长者的社会保障和生活素质②。

目前，社会保障已覆盖全澳市民，澳门人再也不用担心退休后的基本保障了，并且这个制度还在不断"加料"中。澳门特区政府从 2013 年开始向社会保障基金额外注资，分 4 年共注资 370 亿澳门元，并将每年从

---

① 黎小江，莫世祥. 澳门大辞典 [M]. 广州：广州出版社，1999：377 – 378.

② 中央人民政府驻澳门特别行政区联络办公室. 澳门社会保障基本情况 [EB/OL]. (2014 – 11 – 15）[2021 – 02 – 01]. http：//hm. people. com. cn/n/2014/1204/c391081 – 26148694. html.

博彩经营毛收入 3% 款项中拨入社会保障基金的比率由 60% 增至 75%，居民的养老金也由每月 1150 澳门元经数度调升至 3180 澳门元。

除了社保和公积金，澳门的福利还有另一个大招——直接发钱。从 2008 年开始，澳门政府每年推行"现金分享计划"。2008 年，特区政府向永久性居民一次性发放 5000 澳门元，向非永久性居民每人发放 3000 澳门元，当年受惠人数共有 534672 人，共发放金额约 25.45 亿澳门元。2022 年，澳门特区政府分别向永久性居民和非永久性居民一次性发放 10000 澳门元和 6000 澳门元。

澳门特别行政区退休基金会是由行政法务司监督执行的机构，管理和执行澳门特别行政区公务人员的退休及抚恤制度和公积金制度。退休基金会具有下列职责：（1）管理和执行澳门特别行政区公共行政当局公务员及服务人员的退休及抚恤制度；（2）管理和执行澳门特别行政区公务人员公积金制度；（3）运用和管理与退休及抚恤制度执行有关的资源；（4）研究和建议优化退休及抚恤制度、公积金制度所需的措施；（5）法律赋予的其他职责。

澳门特区政府 2009 年 10 月 19 日出版的《政府公报》公布的《开立及管理中央储蓄制度个人账户的一般规则》（第 31/2009 号行政法规），让澳门居民退休后的生活保障向"双层式社保"制度的目标迈进一步，为建立包含雇主及雇员供款的非强制性中央公积金制度构建基础。法规于 2009 年 10 月 20 日正式生效。

法规规定，年满 22 岁的澳门永久性居民，自动成为中央储蓄制度个人账户的参与人，社会保障基金将为每名参与人开立个人账户，以记录从特区政府财政盈余中转入的拨款，以及不属特区政府拨款的其他应转入的款项。社会保障基金有责任提供合适渠道，让参与人取得其个人账户的信息。

其中，具有资格的参与人应在有拨款作分配的当年 1 月 1 日在世，并于前一年内至少有 183 日身处澳门，才享有获分配该款项的权利。以治安警察局提供的出入境记录为准，确定参与人于上述期间身处澳门，但参与人出外接受高等教育、因伤病住院，以及年满 65 岁以内地为常居地及外派工作的时间，均视为身处澳门的时间。年满 65 岁的参与人方可申请提取其账户内全部或部分款项；未满 65 岁的参与人，若因严重伤病而负担庞大的医疗开支，领取残废金超过一年，或基于人道或适当理由，行政长官可酌情例外许可其提前提取其个人账户内全部或部分款项，但每年只可提出一次提取或提前提取款项的申请。如果参与人死亡，其个人账户结余及根据法律规定而有权收取的款项，账户款项列作遗产，如符合获分配上述款项之要件的参与人于获分配该款项前死亡，仍维持获分配该款项的权利。如果参与人死亡，其个人账户应于结算后取消。

法规还规定，若有可用作拨入的财政盈余，社会保障基金应以身份证明局提供的身份数据及治安警察局提供的出入境记录，编制一份符合获分配该款项要件的参与人的临时名单，并以适当方式通知列入及不列入该名单的参与人。参与人可对临时名单提出声明异议，无声明异议或就声明异议决定的期间届满后，社会保障基金应做出倘有的更正及编制享有获分配款项权利的参与人的确定名单；该名单须按临时名单通知。将款项转入参与人个人账户的时间由行政长官以批示订定，如发现参与人获不当分配款项，该不当收取的款项应予返还，否则强制征收①。

为及早制订应对人口老龄化的各项政策措施，澳门特区政府于 2012 年年底成立了由 13 个政府部门组成的"澳门养老保障机制跨部门研究小组"，负责调研构建系统性的养老保障机制，以及 2016 年至 2025 年的长者服务十年行动计划的开展，并提出具体的建议措施。研究小组通过多种调研方式，对澳门长者的服务需要和现行的长者政策进行了整体性的

① 中新网.澳门出台中央公积金新规　加强退休居民生活保障［EB/OL］.（2009 - 10 - 20）［2021 - 02 - 09］. https：//www. chinacourt. org/article/detail/2009/10/id/378916. shtml.

评估，并在有关的调研基础上，提出了由"医社服务""权益保障""社会参与"及"生活环境"四大范畴组成的"澳门特区养老保障机制"政策框架，以及 2016 年至 2025 年长者服务十年行动计划的方案措施，上述行动计划分为短期（2016—2017）、中期（2018—2020）和长期（2021—2025）三个阶段。

其中，涉及层面较广和影响较深的内容包括：增加本地医护人力资源的培训、发展老人专科门诊、建立疗后护理系统、增设社区综合病区、增加长者院舍宿位和长期照顾服务名额、完善长者权益保障制度的相关配套措施、构建双层式社会保障制度、订立"长者课程指引"、制订"澳门无障碍及通用设计规划指引"、强化行人通道和行人天桥的无障碍设施、开展长者家居安全教育和推广计划等①。

根据澳门统计暨普查局发布的《2021 人口普查信息结果》报告显示，澳门人口增速放缓，老龄化情况持续，年龄在 65 岁及以上的老年人口较 2011 年大幅增加 107.2% 至 82812 人，占澳门地区人口的 12.1%，比十年前上升 4.9 个百分点，老化指数（即 65 岁及以上人口与 14 岁及以下人口之百分比）上升 23 个百分点至 83.7%。

---

① 澳门特别行政区政府入口网站. 澳门特区养老保障机制公众咨询［EB/OL］.（2015 - 07 - 30）［2021 - 02 - 09］. https：//www. gov. mo/zh - hans/news/127405/.

第四章　国外退休制度

国际上近现代退休制度于 19 世纪中叶在英、美等国家建立。第二次世界大战以前，西方国家的退休制度主要表现为实行由政府部分自营的各种年金制度；战后，由于政府退休金负担日增，各国相继改为由保险机构专营的社会保险制度，有些国家（如美国）的退休制度表现为兼有社会保险制度和年金制度①。

一、美国退休制度

1935 年以前，对于大多数美国人的退休，美国政府没有干预，而对老年公民的保障形式基本上沿袭英国的济贫做法，由地方政府和社会上的慈善机构向贫困的老年人提供救济。1935 年 8 月 14 日，罗斯福总统颁布了《社会保障法案》，建立了强制性的、全国性的社保制度。一般认为，"社会保障"一词最早就出自该法案。

《社会保障法案》是 20 世纪 30 年代资本主义世界大萧条的产物，是美国第一个由联邦政府承担义务的、全国性的、以解决老年和失业问题为主体的社会保障法案。1934 年，罗斯福总统任命了一个经济保障委员会，要它起草一部综合的标准社会福利立法，最后通过的《社会保障法案》包括五项补充计划：（1）老年保险计划；（2）失业保险计划；（3）盲人

---

① 中国大百科全书（第二版）[DB/OL]．[2021-01-28]．http：//h. bkzx. cn.

救助计划；（4）老年救助计划；（5）未成年人抚养补助计划。同时，还规定联邦政府向州政府及所属机构兴办的福利事业提供财政援助。

《社会保障法案》规定："本法案旨在增进公共福利，通过建立一个联邦的老年救济金制度，使一些州得以为老人、盲人、受抚养的和残疾儿童提供更为可靠的生活保障，为妇幼保健、公共卫生和失业补助法的实行作出妥善的安排。"法案共分十章，其中老年补助、老年保险两章规定的是有关老年保障的内容，规定凡年满65岁的老年人每月发放一定款项的退休金。

90多年来，美国对这个年龄界定做了几次修改，20世纪50年代，联邦政府对《社会保障法案》做出修正，主要是扩大保障范围，国会为女性设置了最早退休年龄，62岁可以领养老金，不过相应的养老金水平要降低到70%。如果延迟退休，养老金水平也会提高，最高是132%。20世纪60年代约翰逊政府提出"伟大社会"计划，对《社会保障法案》做了较大的修改，联邦政府用于社会保障的费用大大增加，1961年国会也将男性的最早退休年龄提前到62岁。20世纪70年代石油危机后，美国"紧缩公共开支"的呼声日高，社会保障费用呈现被削减的趋势。1983年美国国会通过相关法律进行社会保障改革，正式应对"养老金缺口风险"，确定了美国现行的以自愿为原则、渐进式的弹性退休制度。现在美国人的正常退休年龄是66岁，但1960年后出生的是67岁。获取退休金必须积攒"40点"，每获取1130美元工作收入算一点，但每年最多四点，这样至少要工作10年才有资格领取退休金。美国从2000年开始推行延迟退休政策，每年提高一个月左右，到2027年将领取全额养老金的退休年龄从65岁延长到67岁。

美国的退休年龄逐步提高，经历了一个渐进的过程，分三个层次：

第一层次是提前退休。愿意提前退休的人可以最早在年满62岁就开始领退休金，但领取的是打折扣的退休金，62岁退休的保障水平相当于全额退休金的 70%，此后每推迟一个月领取，退休金水平都有小幅上涨。这项设计为一些由于各种原因希望尽早退休的人士提供了一个选择，他们可以领取较低支付水平的退休金以换取早日颐养天年。美国大约有45% 的人选择了在 62 周岁提前退休，另外大约 25% 的人选择了在 62 周岁到 67 周岁之间提前退休，两者相加占了退休者的 70%，可见大部分人在早退休和多领钱之间选择了前者。

　　第二层次是正常退休。根据出生日期的不同，美国社会保障局根据美国法定退休年龄标准设计，1924—1937 年间出生的人口，统一执行 65 岁（整数）的退休年龄；1938—1942 年间出生的人口，执行每年等距延长 2 个月的递增退休年龄；1943—1954 年间出生的人口，退休年龄是 66 岁；1955—1959 年间出生的人口，同样执行每年等距延长 2 个月的递增退休年龄，直至 1960 年的达到整数 67 岁，并直接与下一段相接；1960 年及以后出生的人口，则统一执行 67 岁（整数）退休年龄。根据这项退休年龄规定，2009 年的法定退休年龄为 66 周岁，刚好为 1943—1954 年出生人口的退休阶段。在正常退休年龄内退休的人，可以领取全额退休金，并且退休金数额每年根据通胀率有小幅调整。

　　第三是延迟退休。美国人可以最长工作到 70 岁，选择延迟退休的人在原有的退休金基础上还能获得奖励性的收益。如果正常退休年龄是 66 岁，而选择在 67 岁退休，那么每个月能拿到 108% 的退休金。推延退休者补偿奖励的最迟退休年龄不得高于 70 岁。这种以自愿为原则、渐进式的弹性退休制度设计，让人们可以根据自身情况进行选择，而拉开档次的退休金获得比例，特别是对于延迟退休的奖励性收益，在一定程度上鼓励了美国人延迟退休，大约有 5% 的美国人选择了延迟退休[①]。

　　美国这种以自愿为原则、渐进式的有弹性的退休制度，曾有效缓解

---

　　① 徐则荣. 老龄化背景下我国实行弹性退休制度的思考［J］. 学术评论，2013（01）：82 - 87.

了 20 世纪 70 年代社保资金缺乏的困境。然而到了 2010 年，美国社保项目出现 1983 年改革以来首次入不敷出的局面，预计到 2033 年还将面临"社保破产"的窘境。为此，美国存在着是否要"提高退休年龄"的争论。根据测算，如果将退休年龄推迟到 68 岁，将会为美国社保资金减少 18% 的缺口，若是将退休年龄推迟到 70 岁，将为社保资金减少 44% 的缺口。如果"以年龄换金钱"，那么到时候很可能会出现"人没了，钱还在"的状况。而老年人不退休，也会影响到年轻人的工作机会。在美国政府酝酿的解决社保资金缺口方案中，还有增税这一选项，但这将以拖累消费为代价，也不受选民欢迎。目前而言，美国政府还没有拿出最后的方案，仍在研究争论之中。

美国的养老体系由三大体系组成：社会保险福利（Social Security Benefit）；部分公司和政府的退休金（Pension Plan）；个人参与缴费的 401K 和 IRA。

（一）社会保险福利（Social Security Benefit）

社会保险福利起源于 20 世纪 20 年代末的大萧条时期，由罗斯福总统建立。美国的社会保险福利基本上分为四个类别：退休福利（Retirement）、残疾福利（Disability）、被抚养人福利（Dependents）以及遗属福利（Survivors）。

退休福利是根据在工作生涯中的收入多少而定的，工作并缴纳社会保险税时，可以赚取社会保险福利的积分，领取退休福利所需的积分数取决于出生时间。若在 1929 年或之后出生就需要 40 点（工作 10 年）。比如 2018 年，每收入 1320 美元即获得一个积点，每年最多可获得四个积点，每一年积点所需的收入额都随平均收入标准的增加而稍微增长，即使更换工作或在一段时间内都没有收入也不受影响。赚取到的每个积点都会保留在社会安全记录中，较高的收入可以得到较高的退休福利，退休时的年龄也会影响福利额。对大多数人来讲，社会保险福利大约仅相当于退休前收入的40%。

残疾福利必须满足两个条件才有资格领取：一是残疾前有工作，二是工作年限足够长。如果是在28岁之前残疾，那需要已经工作1年半；30岁残疾则需要已经工作2年，即每两岁增加半年，依此类推。社会保险署通过两个计划支付残疾福利：社会保障残疾保险（Social Security Disability Insurance，SSDI）计划和社会安全生活补助金（Supplemental Security Income，SSI）计划。社会保障残疾保险是根据工作年限和缴纳社会保障税来支付福利，社会安全生活补助金则是根据个人的经济情况支付福利，福利金额根据工作者的收入而定，工作者支付的社会保险税越多则福利越高。社会安全生活补助金（SSI）是为了帮助低收入和低资产的老年人、盲人和其他残障人士，提供现金以满足他们对于食物、衣物和住所的基本需要。

被抚养人福利，即当工作已满一定（40个）工作点数而有资格享受社会保障福利的受保人去世后，其年满55岁的配偶和未成年的孩子将可领取受保人的社会保障金份额。

遗属福利是缴纳社会保险的工作者身故后其遗属可以享受的，从社会保险福利中得到的遗属福利的价值可能超过个人人寿保险的价值。配偶达到退休年龄，可拿对方退休金的一半，自己有退休金的可就高选择。配偶不到退休年龄，但有18岁的子女或19岁读高中的子女或21岁读大学的子女，均可拿到保障福利金；但若无孩子，又不到退休年龄，则不能享受遗属福利。福利金额根据工作者去世前的收入而定，工作者生前支付的社会保险税越多，福利越高。

（二）部分公司和政府的退休金（Pension Plan）

公司和政府的退休金容易和401K混淆，但其实两者是有明显区别的。首先，退休金不需要雇员参与缴费，而401K则需要员工将自己的收入存入；其次，退休金的福利是由公司负责承担的，在员工退休后支付，而401K账户里的资金属于员工个人，即使公司倒闭或者员工跳槽也不受影响。

公司设立的退休金账户的好处有三点：

（1）一部分公司（非强制）每年提供年收入3%—12%或更高的补助。

（2）员工也可以选择把自己一部分的收入放在公司的退休金账户内。放进去的这部分钱不用交当年的个人所得税，并且投资获利也不需要交税，只有在退休后领取的时候按照退休后的税率交税。

（3）即使是出现公司倒闭或者换工作之类的情况发生，公司的退休金账户中的钱也不会有任何损失。

在美国，退休金并不是公司义务承担的。由于退休金福利是公司的一项沉重负担，而且退休员工也不希望自己退休金在公司出问题后就拿不到，因此越来越多的公司对新员工减少或者不提供退休金福利，转而以401K Match（即员工存一笔钱在自己的401K账户，公司存入等量资金）作为退休福利。

（三）个人参与缴费的养老金账户401K和IRA

401K（企业年金计划）始于20世纪80年代初，是一种由雇员、雇主共同缴费建立起来的完全基金式的养老保险制度，是指美国1978年《国内税收法》新增的第401条K项条款的规定，1979年得到法律认可，1981年又追加了实施规则，20世纪90年代迅速发展，逐渐取代了传统的社会保障体系，成为美国诸多雇主主要的社会保障计划。

IRA（美国的个人退休金账户 Individual Retirement Accounts）由1974年美国国会通过的《雇员退休收入保障法案》改进而来，是近30年来美国养老金资产持续增长的最主要来源。绝大部分IRA参与者每年可将一定免税额度的资金存入账户，根据自身的风险收益喜好，自主、灵活地配置资产，其投资收益免税，退休领取时才缴纳个人所得税。

美国退休保障体系的金字塔包括政府保障计划（社保）、自有住房、雇主发起式退休计划［包括私营部门和政府雇主发起的待遇确定型

（Defined Benefit，简称 DB）和缴费确定型（Defined Contribution，简称DC）〕、个人退休金账户（IRA）含滚存、其他资产 5 个层级。雇主发起式退休计划、IRA 以及年金在美国养老体系中扮演着重要角色。

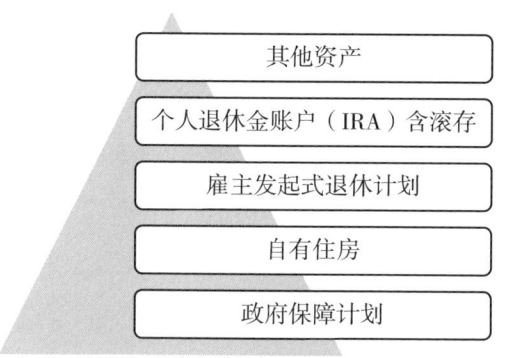

图 6　美国养老体系金字塔

2019 年 4 月 22 日，美国财政部发布的《2019 年社会保障和医疗保险受托人报告》显示，社会保障计划内的合并信托基金将于 2035 年耗尽，届时社保计划将无法按期支付全部福利。除了基础社保资金告急，美国个人养老金储蓄情况亦不够乐观。在此背景下，美国众议院以 417 票对 3 票的压倒性优势，通过大幅度改革退休金制度的议案 *Setting Every Community Up for Retirement Enhancement Act of 2019*（又称 *SECURE Act*）。

2019 年 12 月，美国国会参议院通过了《退休金提高法案》（即 *SECURE Act*），并于 2020 年 1 月 1 日生效。该法案旨在鼓励提高退休金储蓄，促进美国企业年金计划（401K）和个人退休金账户（IRA）的快速发展，以解决日渐突出的养老危机，并为美国进入超级老龄社会做准备。比如，在新的法案下，规模较小的企业雇主可以联合起来为雇员提供 401K 计划。另外，政府鼓励 401K 计划提供能够带来保障收入的产品。为了鼓励更多的储蓄进入 401K 计划，新的法案允许那些自动将员工纳入某些退休金计划的雇主逐步自动将雇员储蓄占年收入的比例从之前的10% 上限提高到 15%。

截至 2021 年年底，美国养老金资产规模合计约 39.4 万亿美元，较 2020 年年底的 35.2 万亿美元增长 12%，其中 DC 和 IRAs 截至 2021 年年底规模分别为 11 万亿美元和 13.9 万亿美元，合计占养老金总规模的 63%。

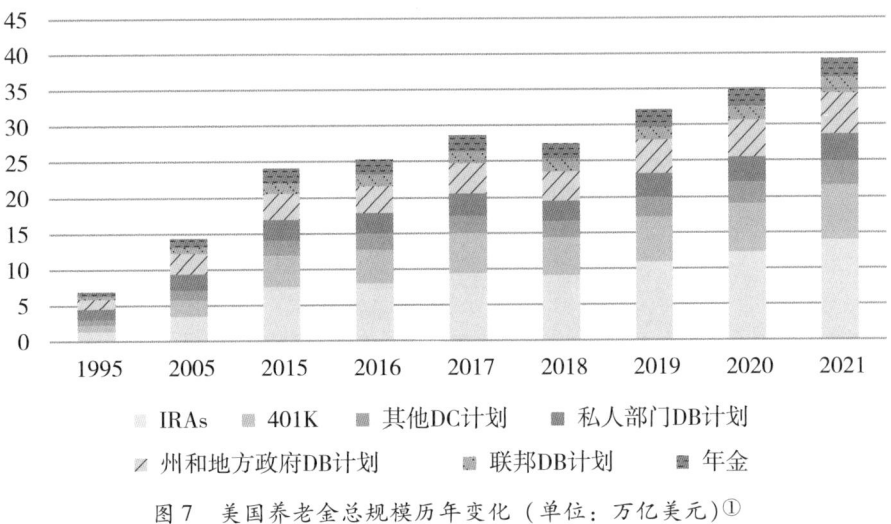

图 7　美国养老金总规模历年变化（单位：万亿美元）①

下图为全球经济指标平台展示的 2012 年—2022 年美国退休年龄（分男性、女性）以及劳动力相关指标的内容：

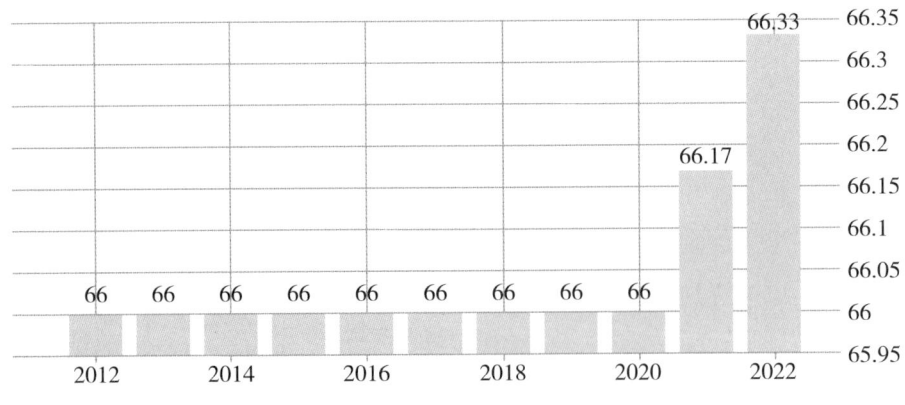

男性退休年龄 Retirement Age Men

---

① 美国养老金市场发展分析报告［EB/OL］．［2022 - 10 - 12］．https：//max. book118. com/ html/2022/0617/7153161003004133. shtm.

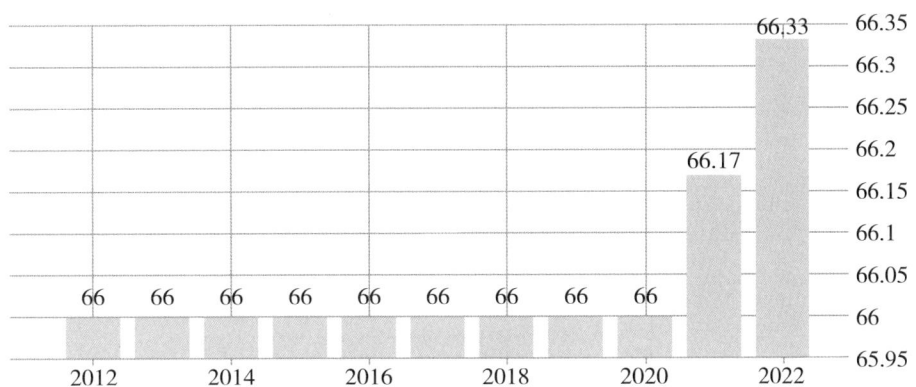

女性退休年龄 Retirement Age Women

图 8　2012 年—2022 年美国退休年龄（男性、女性）

表 10　美国劳动力相关指标统计①

美国劳动力	最新数据	前次数据	历史日期	历史最高值	历史最低值	单位	统计截点
失业率	3.5	3.7	1948－2022	14.7	2.5	%	2022 年 9 月
非农就业人数	263	315	1939－2022	4846	－20679	千	2022 年 9 月
私人非农就业人数	288	275	1939－2022	4510	－19572	千	2022 年 9 月
政府工资	－25	40	1939－2022	452	－921	千	2022 年 9 月
首次申请失业救济人数	219	190	1967－2022	6137	162	千	2022 年 10 月
连续申请失业救济人数	1361	1346	1967－2022	23130	988	千	2022 年 9 月

① United States－Economic Indicators ［EB/OL］．［2022－10－12］．https：//tradingeconomics. com/united－states/retirement－age－women.

续表

美国劳动力	最新数据	前次数据	历史日期	历史最高值	历史最低值	单位	统计截点
ADP 就业变动	208	185	2010 – 2022	1662	– 6657	千	2022 年 9 月
就业人数	158936	158732	1948 – 2022	158936	57172	千	2022 年 9 月
失业人数	5753	6014	1948 – 2022	23038	1596	千	2022 年 9 月
平均时薪	0.3	0.3	2006 – 2022	4.2	– 1.2	%	2022 年 9 月
平均每周工作时间	34.5	34.5	2006 – 2022	35	33.7	小时	2022 年 9 月
劳动力参与率	62.3	62.4	1948 – 2022	67.3	58.1	%	2022 年 9 月
长期失业率	0.65	0.69	1948 – 2022	4.4	0.08	%	2022 年 9 月
青年失业率	8.3	8	1948 – 2022	27.4	4.8	%	2022 年 9 月
劳动力成本	131.11	127.98	1950 – 2022	131.11	17.01	指数点	2022 年 1 月
生产率	109.86	111.01	1950 – 2022	113.17	25.97	点	2022 年 1 月
职位空缺	10166	12140	2000 – 2022	12140	2157	千	2022 年 8 月
工资	27.77	27.67	1964 – 2022	27.77	2.5	美元/小时	2022 年 9 月
工资增长	8.57	8.73	1960 – 2022	14.79	– 5.86	%	2022 年 8 月

续表

美国劳动力	最新数据	前次数据	历史日期	历史最高值	历史最低值	单位	统计截点
最低工资	7.25	7.25	1938－2022	7.25	0.25	美元/小时	2022年10月
就业成本指数	1.3	1.4	1982－2022	2	0.2	%	2022年7月
人口	332.4	329.48	1900－2021	332.4	76.09	百万	2021年12月
女性退休年龄	66.33	66.17	2009－2022	66.33	66	岁	2022年12月
男性退休年龄	66.33	66.17	2009－2022	66.33	66	岁	2022年12月
就业率	60.1	60.1	1948－2022	64.7	51.3	%	2022年9月
全职工作	132661	132335	1968－2022	132800	64640	千	2022年9月
大流行性失业救济申请	0.9	1.55	2020－2021	1352.18	0.9	千	2021年12月
兼职就业	26230	26237	1968－2022	28134	10086	千	2022年9月

二、英国退休制度

英国的社会保障制度最早可以追溯到1601年的《济贫法》，当时主要表现为各种济贫自助机构和教会组织的救济贫民活动。16世纪英国圈地运动迫使众多农民背井离乡，沦为流浪汉，失业现象日益严重，统治者被迫考虑救济贫民问题。

1572年，英格兰和威尔士开始征收济贫税；1576年又设教养院，收容流浪者，强迫其劳动。1601年颁布第一个重要的《济贫法》，授权治安法官以教区为单位管理济贫事宜，征收济贫税及核发济贫费。救济办法因类而异，凡年老及丧失劳动力者，在家接受救济；贫穷儿童在指定的人家寄养，长到一定年龄时送去学徒；流浪者被关进监狱或送教养院。1662 年通过的《住所法》规定，贫民须在其所在的教区居住一定年限者方可获得救济。1723 年的《济贫法》更进一步规定设立习艺所，受救济者必须入所。由于在执行中弊端丛生，1782 年法律又做出相反规定，把原料发给有劳动能力的贫民在家做工，只把年老及丧失劳动力者集中起来救济。1793 年对法战争开始后，各地发生抢粮事件，伯克郡济贫官员于 1795 年 5 月在斯皮纳姆兰村开会，决定向收入低于公认最低生活标准的工人提供补助，即所谓"斯皮纳姆兰制"，用以缓和阶级矛盾。到 1832 年，除诺森伯兰及达勒姆两郡外，各郡均实行了"斯皮纳姆兰制"。

1834 年议会通过《济贫法（修正案）》，这是 1601 年以后最重要的济贫法，史称《新济贫法》。该法取消"斯皮纳姆兰制"的家内救济，改为受救济者必须是被收容在习艺所中从事苦役的贫民。习艺所内生活条件恶劣、劳动繁重，贫民望而却步，被称之为劳动者的"巴士底狱"。在管理上，中央设三人委员会，在地方各教区联合区组成济贫委员会，管理济贫事宜；1847 年，中央三人委员会改为济贫法部；1871 年，济贫事务改由地方政府部管理，但习艺所的惩治原则一直未变。20 世纪以后，《新济贫法》的重要性逐渐降低，到 1946 年《国民保险法》和 1948 年《国民救助法》通过后，卫生部主管的社会保险已完全替代济贫，《新济贫法》失去作用①。

英国是世界上最早建立养老保障制度的国家之一，其历史上最早的积累型养老金计划可以追溯到 1590 年，但当时的覆盖范围仅为皇家海军成员。到 17 至 18 世纪，退休职业年金给付范围逐渐扩展到公共事业部门，19 世纪又进一步扩展到整个民事服务部门。

---

① 中国大百科全书（第一版）[DB/OL]. [202101 - 21]. http://h.bkzx.cn.

英国在工业化之前以及实现工业化之后的一段时间里，由于受个人主义和自由主义的影响，英国人主要依靠子女赡养、自助、互助、济贫法救济等方式进行养老，国家并不干预。但到了 19 世纪末，英国人民物质生活水平显著提高，人口预期寿命延长，老年人口所占比重不断提高，与此同时老年人口带来的社会压力也越来越大，老年贫困问题日益严重。为此，英国社会各界就养老金问题开展了广泛讨论。1908 年，英国议会批准了养老金法案。约翰·麦克尼克尔在《英国的退休政治（1878—1948）》一书中认为，养老金立法的动因有两个方面：一是改革济贫法，以此惩戒体健穷人，提升工业效率；二是为失业的老年人提供帮助。

1908 年养老金法案规定："凡年满 70 岁以上、作为英国居民至少 20 年，并一直在联合王国的土地上、根据方案标准计算的年收入不高于 31 英镑 10 先令的人可以领取养老金。"据 1914 年的统计，全英国有大约 100 万人领取了这笔养老金，当年全国人口不到 4000 万，这笔钱相当于慈善救济金。1925 年后养老金与工作挂钩，工作期间缴纳养老保险费者，才能领取养老金。养老金从此不再是救济性质，而是个人劳动价值的体现，令人有自尊之感，这个缴费模式因而受到大家欢迎。

英国的养老金领取者从最初的少数人发展到今天的全社会绝大多数民众，其中的重要改革发生在"二战"结束之后。"二战"期间，联合政府开展了一个全国民意调查，由杰出的经济学家贝弗里奇（William Beveridge）勋爵主持，他根据调查结果写了一个报告，主旨是要全面建设社会安全保障制度，消除五大社会问题，即贫困、疾病、愚昧、肮脏和懒惰（Want, Disease, Ignorance, Squalor and Idleness）。

《贝弗里奇报告》影响深远。战争结束后，所有人都希望社会朝着更加平等的方向发展，将英国建设成一个福利社会的国家。1948 年，英国通过了一系列法案，针对《贝弗里奇报告》提出的五大社会问题实行全面改革，改革养老金制度和建立全民公费医疗制度就是其中两项重大举措。

新养老金制度降低了开始领取养老金的年龄，凡女性年满 60 岁、男性年满 65 岁，且工作期间缴纳国民保险费者，均可开始领取国家养老金。国家养老金的数额人人一致，与工作期间工资高低无关，这样民众有了基本的退休生活保障。发放的国家养老金理论上应该出自个人工作期间缴纳的国民保险费，但是实际上个人缴费是不够的，养老金和其他社会福利大部分靠国家的税收补足。

现在英国的养老金是个人从工作岗位退休后，或达到退休年龄后固定的有规律的收入来源，它由三部分组成：国家养老金、职业养老金和个人养老金。称为"三支柱"体系。

世界经合组织（OECD）将收入低于贫困线或者低于平均收入的一半来显示某个国家的贫穷率。根据这个方法，它们确定了所有人口的相对贫穷率、65 岁以上退休年龄人口的相对贫穷率，英国 2003 年—2016 年数据见下表，从中可见养老金对于退休者有多重要。

表 11　英国 2003 年—2016 年所有人口的相对贫穷率及
65 岁以上退休年龄人口的相对贫穷率①

时间	所有人口的 相对贫穷率	65 岁以上退休年龄人口的 相对贫穷率
2003 年	0.12	0.19
2004 年	0.12	0.18
2005 年	0.12	0.17
2006 年	0.13	0.19
2007 年	0.13	0.19
2008 年	0.12	0.17
2009 年	0.11	0.14
2010 年	0.11	0.15

---

① 国研网［DB/OL］.［2021 - 03 - 10］http：//data. drcnet. com. cn.

续表

时间	所有人口的 相对贫穷率	65 岁以上退休年龄人口的 相对贫穷率
2011 年	0.1	0.13
2012 年	0.1	0.13
2013 年	0.1	0.14
2014 年	0.1	0.13
2015 年	0.11	0.14
2016 年	0.11	0.14

第一支柱：国家养老金是由英国政府提供，旨在建立一个最基本的养老保障，主要通过国家保险和税收进行运作，以现收现付制为基础，以劳动所得为依据进行征收，专门用来支付基本养老金。在这一层面中，所有人都有受益权，从而获得最低水平的退休收入保障，具体内容包括基本政府养老金、养老信用额度和其他广泛性统一保障收益。

（1）基本政府养老金

基本政府养老金是一种缴纳型的养老保障制度，即最终支付给个人的养老金取决于在其达到国家养老金受益年龄规定之前所完成的缴纳数额。由于存在因为缴纳不足而无法领取基本养老金的可能，这种制度并不属于广泛性统一收益的范畴。

（2）养老信用额度

英国的养老保障信用额度主要由保障信用额度和储蓄信用额度组成。

①保障信用额度。其主要特征是建立在生计水平调查基础之上，主要以年满60岁及以上的英国公民为收益支付对象。该收益支付以其他老年保障收益无法达到既定水平为条件，在无法达到足够收益水平时，该制度安排可以为英国老年人提供最低收入水平的保障。

②储蓄信用额度。该制度的主要目的是确保那些为退休阶段进行了私人储蓄或安排的个人与未采取任何个人措施者相比，能够达到更好的

福利状况。具体而言，对高于基本政府养老金收益水平但又低于该保障收益水平者，可以给予额外的支付。

③其他广泛性统一保障收益

除了上述主要制度安排外，英国养老保障体系的第一支柱还包括以下几种形式：基于特殊目的所确定的个人收益；对于达到既定年龄要求的全部（或绝大多数）公民提供的广泛性统一收益；与工作年龄相适应的延伸性税收补贴政策。

第二支柱：职业养老金是以非积累的现收现付制为缴纳基础进行运作的，其运作过程借助国家保险体系来完成，主要目的在于雇主以雇员的收入所得情况为依据，为其提供进一步的老年收入保障。在该制度框架中，缴纳按照收入所得比例进行，同时设定上下限，保障收益在一定程度上反映了缴纳情况。由此可见，第二支柱的保障比第一支柱所体现的由富人到穷人的再分配性要弱一些。

2012 年英国养老金制度进行了较大改革，改革的主要内容是简化公共养老金，强制实施职业年金，提高职业年金的覆盖率和保障水平。简化公共养老金的主要做法是，将先前基于收入调查的零支柱普惠性国家养老金、收入关联的国家第二养老金以及其他补丁式制度取消，建立单一的国家基本养老金，养老金的保障水平高于最低收入水平。所有就业人口都必须参加这一制度。在此基础上，自 2012 年 10 月开始，到 2017 年止，实施"自动注册"的退休储蓄计划，以督促就业者为退休进行养老储蓄，其实质是"强制性"的。

第三支柱：个人养老金是私人养老保障计划，包括所有个人自愿加入的养老金计划。这些养老金计划不是通过英国政府直接进行融资，其融资主要通过雇主及雇员个人的自主缴纳。因此，该计划的主要目的在于将个人收入在生命周期基础上进行再分配。从第三支柱的保障体系来看，个人对私人养老金计划的缴纳能够在一定程度上获得税收豁免或折让等优惠措施；就获得收益而言，该养老金的收益部分也要作为收入所得进行征税；就企业来说，来自雇主一方的缴纳被允许从企业利润中先行扣除，从而能够减少相关企业的所得税纳税义务[①]。

英国政府在 2011 年 1 月 13 日曾宣布取消 65 岁强制退休措施。2013 年 12 月 5 日，英国时任财政大臣奥斯在《秋季预算报告》中说，英国人领取退休金年龄将在 2030 年推迟至 68 岁。这要比原来的推迟退休年龄计划提前了 10 年，而且英国还将在 21 世纪 40 年代末将退休年龄进一步推迟至 69 岁。

根据英国《每日邮报》2020 年 3 月 25 日报道称，英国国家统计局最新数据预测显示，未来 8 年内，英格兰地区人口将增加至 5875.2 万人，传统退休年龄以上的人口比例将达到 20.7%。这意味着到 2028 年，英国老年人口领取退休金的年龄将不得不从此前的 65 岁再提升 2—4 岁。2022 年 4 月，英国国家养老金上涨了 3.1%，远低于当时 9% 的通货膨胀率。2022 年 7 月，在能源、食品和燃料成本飞涨的推动下，英国通货膨胀率 40 年来首次升至 10% 以上。

下图为全球经济指标平台展示的 2012—2022 年英国退休年龄（分男性、女性）以及劳动力相关指标内容：

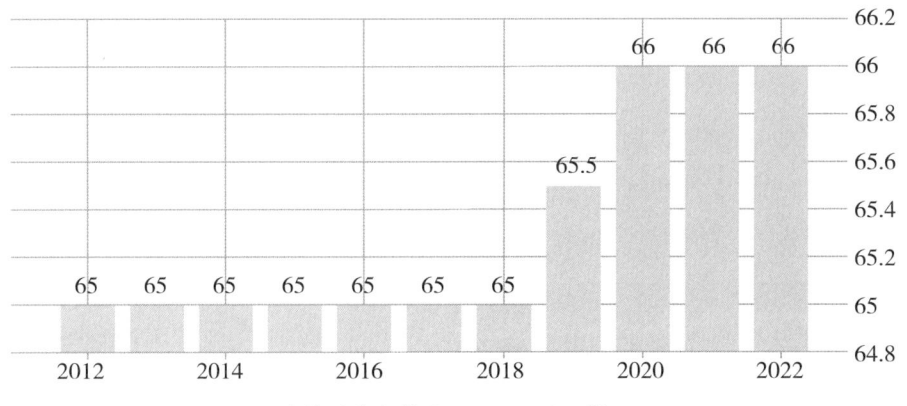

男性退休年龄 Retirement Age Men

① 赵立新. 英国养老保障制度［J］. 中国人大，2018（21）：51–54.

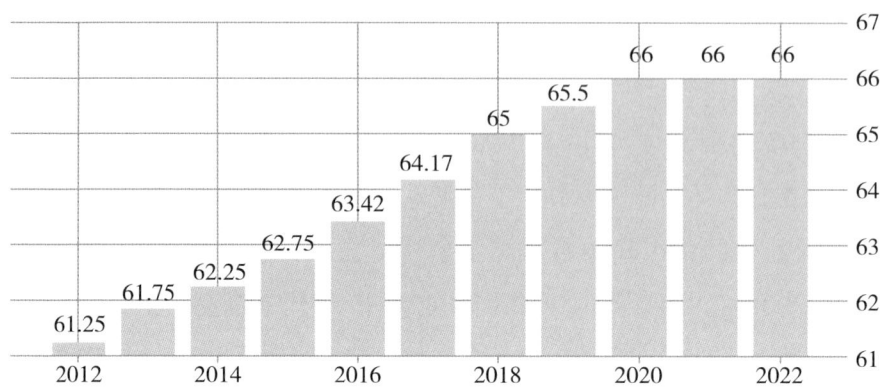

女性退休年龄 Retirement Age Women

图 9 2012 年—2022 年英国退休年龄（男性、女性）

表 12 英国劳动力相关指标统计①

英国劳动力	最新数据	前次数据	历史日期	历史最高值	历史最低值	单位	统计截点
失业率	3.5	3.6	1971 - 2022	11.9	3.4	%	2022 年 8 月
就业人数	32754	32746	1971 - 2022	33073	23630	千	2022 年 7 月
失业人数	1554.5	1529	1971 - 2022	3090	422.6	千	2022 年 9 月
兼职就业	8145	8168	1992 - 2022	8704	5995	千	2022 年 7 月
全职工作	24609	24578	1992 - 2022	24686	19136	千	2022 年 7 月
就业率	75.5	75.4	1971 - 2022	76.6	65.6	%	2022 年 7 月

---

① United Kingdom – Economic Indicators［EB/OL］.［2022 – 10 – 12］. https：//tradingeconomics. com/united – kingdom/average – weekly – hours.

续表

英国劳动力	最新数据	前次数据	历史日期	历史最高值	历史最低值	单位	统计截点
失业救济金申请数量	25.5	1.1	1971－2022	852.2	－168.8	千	2022年10月
劳动力参与率	78.3	78.3	1971－2022	79.8	74.1	%	2022年7月
青年失业率	9	9.1	1992－2022	22.5	9	%	2022年7月
劳动力成本	112.1	109.6	1955－2022	112.1	4.7	指数点	2022年3月
生产率	101.8	101.4	1971－2022	103.9	45.5	点	2022年6月
职位空缺	1246	1259	2001－2022	1300	340	千	2022年8月
工资	617	613	2000－2022	617	300	英镑/周	2022年8月
制造业工资	670	668	2000－2022	673	356	英镑/周	2022年8月
工资增长	6	5.5	2001－2022	9.1	－2.7	%	2022年8月
最低工资	9.5	8.91	2005－2022	9.5	5.05	英镑/小时	2022年4月
人口	67.53	67.08	1950－2021	67.53	50.29	百万	2021年12月
女性退休年龄	66	66	2009－2022	66	60	岁	2022年12月
男性退休年龄	66	66	2009－2022	66	65	岁	2022年12月

续表

英国劳动力	最新数据	前次数据	历史日期	历史最高值	历史最低值	单位	统计截点
平均每周工作时间	31.9	31.8	1992－2022	33.5	25.9	小时	2022 年 7 月
就业人数变化	－109	40	1971－2022	311	－424	千	2022 年 7 月

在过去的 10 年时间里，英国女性的退休年龄被保守党政府提高了 4—5 岁。2010 年之前，英国的女性退休年龄是 60 岁。2018 年 11 月起，女性退休年龄被提高到 65 岁，和男性同龄退休。2020 年 10 月起，男女退休年龄提高到 66 岁。2026 年到 2028 年，还要进一步提高到 67 岁。男女同龄退休，被英国政府称之为实现了男女平等。

三、德国退休制度

德国是现代社会保障制度的发源地。1889 年 5 月 24 日，德国国会通过《老年和残疾社会保险法案》，并于 1891 年 1 月 1 日开始生效。以此为标志，德国正式开始实施社会（养老）保险制度。

1957 年，德国政府将公共养老金的标准领取年龄定为男性 65 岁、女性 60 岁，并且满足 15 年缴费记录才可以全额领取养老金。1972 年，德国养老保险制度进行改革，放宽了领取公共养老金的条件，引入灵活退休机制，规定工作满 35 年的员工就可以申请提前退休，同时不扣发养老金。1984 年，养老保险制度进一步放松，养老保险从缴费满 15 年放宽至满 5 年就可以领取。按照新规定，女性每生育一个小孩，就可以获得一年的养老保险缴费记录。因此，当时很多女性实际缴费年限较低，但是由于生育也有资格领取养老金。1992 年，德国养老保险制度再一次改革，开始鼓励延迟退休并将个人养老缴费标准由工资的 18.5% 提升到 19.2%。

2012 年，德国联邦议院提出拟将退休年龄从 2012 年的 65 岁逐步逐层提高到 2029 年的 67 岁。逐步逐层是指从 2012 年至 2023 年退休年龄每年延长一个月，2024 年至 2029 年每年延长两个月。按照这样计算，2029 年可延迟退休年龄到 67 岁。2014 年又出台了《法定养老保险改进法案》，规定缴纳法定养老保险满 45 年的德国人，63 岁就可以提前退休领取全额养老金，但是 1952 年以前出生的人可以在 63 岁退休，1953 年以后出生的人则实行渐进式延迟退休机制。

近年来，还有许多德国政客和专家提出"68 岁退休""70 岁退休"的建议。这一是因为婴儿潮一代正在逐步退休，德国工作的劳动力不足以赡养越来越多的老年人；二是因为德国优异的大众医保制度使该国人均寿命逐渐提高，延长工作时间也因此成为可能。

经过 100 多年的演变、改革和发展，德国养老金计划日趋复杂多样，一般分为四支柱：零支柱、第一支柱、第二支柱和第三支柱。

表 13　德国养老金体系基本架构

零支柱	收入低于一定水平的 65 岁及以上人口和残疾人					
第一支柱	强制性养老保险计划			农民养老保险计划	公务员养老金计划	专业人士养老金计划
	蓝领雇员	白领雇员	自雇者			
第二支柱	职业养老金计划					
第三支柱	个人养老金计划					

（1）零支柱

德国于 2003 年开始引入零支柱，这是为 65 岁及以上人口和残疾人提供的财政转移支付。受益人无须缴费，但收入须低于一定水平才有资格领取。也就是说，零支柱是以收入为基础的，与社会救助相似，但社会救助的对象是贫困线以下人口。

（2）第一支柱

第一支柱主要由四个不同的养老金计划构成，分别覆盖不同人群。

强制性养老保险计划（GRV）覆盖所有德国受雇人员（白领雇员以及包括矿工在内的蓝领雇员）、一部分自雇人员（包括强制参加和自愿参加）以及其他自愿参加的人群。强制参加 GRV 的自雇人员主要包括手工业者、自雇类教师、演讲师、保育员、护理员、助产士、零售店主、演员和出版业人员以及其他一些自雇人员，未被强制要求参加 GRV 的自雇人员以及家庭主妇等，可自愿申请参加 GRV。GRV 实行现收现付制，资金来源包括雇员和雇主缴费以及联邦预算补贴。

农民养老金计划主要覆盖农民，是现收现付制，资金主要来源于税收。

公务员养老金计划覆盖公务员，目前是现收现付制（正在转向基金积累制），资金主要来源于税收。

专业人士养老金计划主要覆盖法官、律师和医生等，主要是基金积累制，资金来源于个人缴费。

（3）第二支柱

第二支柱主要是指职业养老金计划，传统上是自愿型的。从 2002 年起，雇员有权要求将其部分收入存入职业养老金计划，雇主必须提供某种形式的养老金计划。职业养老金计划因此具有了一定强制性，但其具体形式并没有强制性规定，目前主要有五种类型：直接承诺、直接保险、专门养老基金、养老基金、支持基金。

直接承诺是指雇主仅承诺在雇员退休后向其支付养老金，但一般没有专门的养老金资产，雇主将从企业其他资产（如流动资金）中支付养老金。

直接保险是指雇主代表雇员向商业保险公司签订养老或人寿保险合同，并支付保险费，雇员享有该合同下的保险权益，在退休时可从保险公司领取养老保险金。

专门养老基金是指专为一个或多个雇主提供养老金服务的特别保险

公司，可以是互助保险协会，也可以是合股保险公司，多由银行、保险公司、投资基金等金融服务提供商设立。

养老基金是以合股公司或互助养老基金协会形式成立的独立的法人实体，可由单一公司、金融服务提供商或雇主协会和工会发起的行业养老金计划所设立，是 2001 年改革后开始设立的。

支持基金是以协会、有限责任公司或基金会形式（后两者不太常见）成立的独立法人实体，可由单一公司设立一支支持基金，也可由数家公司设立一支联合支持基金，雇员不是对支持基金，而是对发起支持基金的雇主拥有直接的养老金权益。

（4）第三支柱

第三支柱是个人养老金计划，属于自愿型基金积累制，又被称为 Riester 养老金计划。第三支柱具体包括银行储蓄计划、个人养老保险合同和投资基金储蓄计划三种形式，分别由银行、保险公司和投资基金提供，适用于不同年龄段和风险偏好的人群。政府通过财政补贴和税收减免的方式鼓励第三支柱的发展。目前，个人缴费最少为年收入的 4% 才可享受国家补贴，基本补贴是每人每年 154 欧元，另外还可享受孩子补贴每人每年 300 欧元。存入第三支柱的个人收入，可免税金额最高为每年 2100 欧元。

德国养老主要有两个原则：第一个是社会、政府和个人共同养老，第二个是将不同的养老分阶段按不同方式"养"。公共养老保险是绝大多数退休者的主要生活来源。可以说，德国的养老体系更加专业，大大降低了个人的压力。

德国作为一个老龄化程度相当高的国家，养老问题一直是国家发展中的重中之重。在政府的高度重视和支持下，德国实行了一种"多代屋"的养老形式。"多代屋"项目作为社区适老化改革的方式之一，近年来在德国发展迅速。"多代屋"这个概念指的是被跨代人群用作居住的空间或者当作会面地点的房屋，各个年龄阶层的人都可以在这里实现会面和满足交流的需要，通过沟通交流的方式达到相互支持、相互了解的目的。"多代屋"的实质，其实是一种社会互助体系。

"多代屋"于 2006 年 11 月由德国联邦家庭事务部部长尤尔苏拉·范德勒茵建立，其目的在于打破家庭界限，让年轻人和老年人欢聚一堂，给不同代的人们以见面和融合的机会；其核心内容是构建无血缘关系的多代居民会面的公共场所。该项目希望促进儿童、青年人、老年人等多代人群在社区层面的交往，激发社区活力，让社区内实现多代共处和互助，让老年人在得到基本照顾的基础上感到自己是"被需要"的角色而得到满足。"多代屋"项目管理负责人达尼埃拉·赫尔在接受中国《人民日报》记者采访时表示："当人们慢慢老去的时候，不仅需要一处安身之所，也需要相应的社会环境，'多代屋'可以同时满足这两方面要求。相互之间的宽容是不同年龄段的人能够居住在同一屋檐下的基础。"在"多代屋"中，老人得到来自年轻邻居更多的关心，空巢感大大降低，社会参与感和生活幸福感明显增强。

作为改善老年人生活环境的重要措施，"多代屋"的现代化和无障碍设施等改造得到德国政府的支持。德国复兴信贷银行向改造工程提供共计 1 亿欧元的低息贷款，每个住房单元最高可以得到 5 万欧元的贷款；私人房主如果愿意进行改造，也可以获得 5000 欧元的补助。

数据显示，德国是欧洲人口老龄化程度最高的国家，2021 年有将近 1830 万人口在 65 岁以上，占德国总人口的 22%。考虑到德国人均寿命在 80 岁以上，预计到 2030 年，德国 65 岁以上的老人将增加到 2400 万人。鉴于老龄化程度越来越严重，德国经济学家提出要推迟该国法定退休年龄。专家认为与欧盟其他国家横比，德国目前的法定退休年龄虽然已经比较高，但是还有进一步提高的空间。

下图为全球经济指标平台展示的 2012 年—2022 年德国退休年龄（分

男性、女性）以及劳动力相关指标内容：

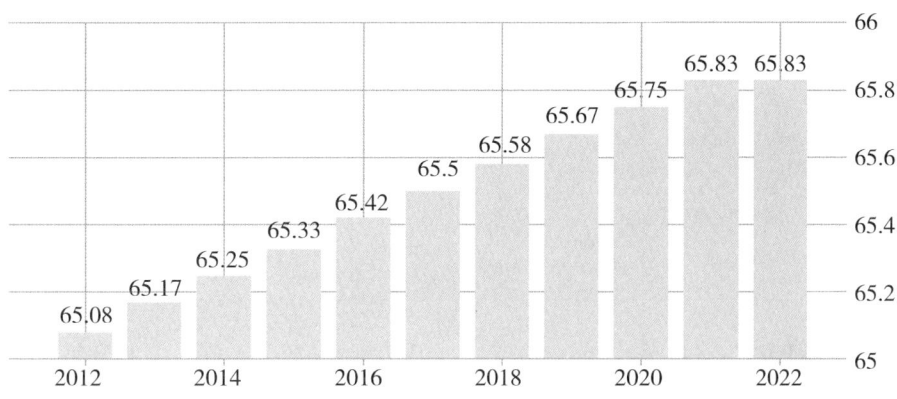

男性退休年龄 Retirement Age Men

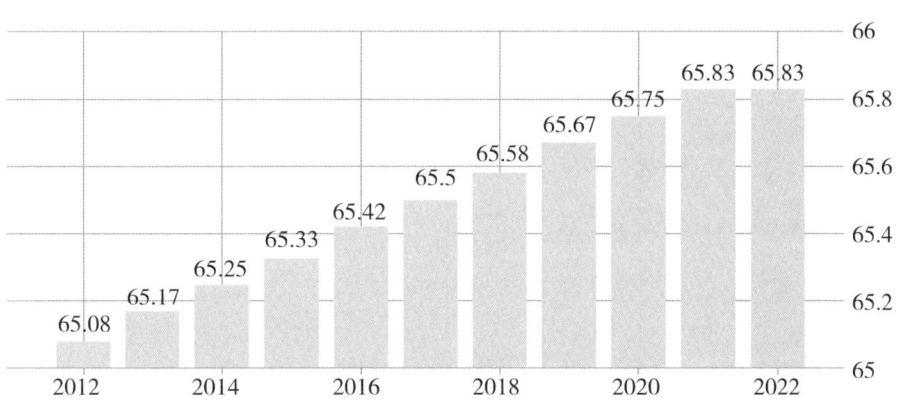

女性退休年龄 Retirement Age Women

图 10　2012 年—2022 年德国退休年龄（男性、女性）

表 14　德国劳动力相关指标统计①

德国劳动力	最新数据	前次数据	历史日期	历史最高值	历史最低值	单位	统计截点
失业率	5.5	5.5	1950 – 2022	12.1	0.4	%	2022 年 9 月

① Germany – Economic Indicators ［EB/OL］. ［2022 – 10 – 13］. https：//zh. tradingeconomics. com/germany/retirement – age – men.

续表

德国劳动力	最新数据	前次数据	历史日期	历史最高值	历史最低值	单位	统计截点
就业人数	45447	45464	1992－2022	45464	37716	千	2022年8月
失业人数	2510	2497	1950－2022	5011	84.97	千	2022年9月
失业人数变化	14	26	1992－2022	357	－96	千	2022年9月
长期失业率	1	1.1	1992－2022	6.3	1	%	2022年6月
青年失业率	5.7	5.6	1991－2022	15.9	5.6	%	2022年8月
劳动力成本	114.97	115.35	1991－2022	116.42	71.01	指数点	2022年6月
生产率	97.6	98.1	1962－2022	105.9	17	点	2022年8月
职位空缺	873.36	886.72	1950－2022	891.7	57.8	千	2022年9月
工资	4100	3975	1991－2021	4100	1832	欧元/月	2021年12月
工资增长	－1.4	0	1992－2021	6	－4.7	%	2021年12月
最低工资	12	10.45	2015－2022	12	8.5	欧元/小时	2022年10月
人口	83.16	83.17	1960－2021	83.17	72.54	百万	2021年12月

续表

德国劳动力	最新数据	前次数据	历史日期	历史最高值	历史最低值	单位	统计截点
女性退休年龄	65.83	65.83	2009 – 2022	65.83	65	岁	2022 年 12 月
男性退休年龄	65.83	65.83	2009 – 2022	65.83	65	岁	2022 年 12 月
劳动力参与率	79.7	79.4	1998 – 2022	79.7	70.7	%	2022 年 6 月
兼职就业	11582.3	11315.3	1998 – 2022	11582.3	6330.6	千	2022 年 6 月
就业人数变化	0.3	0.4	1991 – 2022	0.9	– 1.3	%	2022 年 6 月
就业率	77.3	77	1992 – 2022	77.3	63.6	%	2022 年 6 月

据欧联网援引欧联社报道，据德国媒体《明镜》发布的一项最新预测报告显示，在未来 10 年内，德国社会老龄化问题将会明显加剧，到 2030 年，退休老人将增加 300 万人，而社会劳动力则会减少 380 万人。根据预测评估资料，2020 年至 2030 年，德国社会养老保险、护理保险、失业保险和医疗保险的支出，将会从目前的 6790 亿欧元，增加到 9960 亿欧元，增幅接近 50%，相当于每年增加 300 亿欧元。德国的养老金储备用到 2025 年完全没有问题，未来该如何解决社保问题，对政府和社会将形成新的挑战①。

---

① 中新网. 德国老龄化加剧，未来 10 年社会劳动力或将减少 380 万人 [EB/OL]. （2020 – 01 – 17）［2020 – 12 – 26］. http://www.chinanews.com.cn.

德国联邦统计局日前公布的一项数据显示：截至 2020 年 9 月 30 日，德国就业人口约为 3820 万人，其中约 103.9 万人是退休后再就业人员。其中，年满 70 周岁仍在工作的有近 60 万人，75 周岁以上的就业人口达 22 万人，还有 7.2 万人年满 80 周岁仍在坚持工作。

德新社分析认为，出现这一现象主要有两方面原因。

一方面，德国面临较大劳动力缺口，特别是专业劳动力缺口。仅在手工业领域，2020 年德国就面临 7.7 万专业劳动力短缺。德国政府经济顾问委员会前主席贝尔特·吕鲁普表示，专业劳动力短缺将成为德国后疫情时期经济增长的首要障碍。退休人员作为熟练的专业人士，在劳动力市场受到青睐。

另一方面，由于生活水平改善和健康状况良好，不少老人退休后仍希望进一步在职场展现人生价值。德国联邦人口研究院发布的报告指出，谈及退休后继续工作的原因，97% 的老人表示，是为了享受工作带来的快乐；94% 的老人表示，是为了与他人保持联系；90% 的老人认为，继续工作有助于保持健康。"增加收入""享受被需要的感觉""希望能一直接受挑战"等，成为不少退休后再就业老人继续工作的原因。

对于大多数退休老人而言，继续工作可以增加一笔额外收入，但也有少数老人退休后只有继续工作才能解决生计问题。在德国 65 岁及以上就业人员中，自由职业者所占比例达 37%。由于自由职业者无法领取法定养老保险金，退休后继续工作或寻求家人帮助就成为他们保障老年生活质量的重要途径。

自 2021 年 1 月 1 日起，德国正式实行基本养老金政策，凡是缴纳养老保险满 35 年、抚养或照顾孩子年限符合规定的低收入者，每月可获得最多 404.86 欧元的养老金补贴。此举被认为是德国养老制度改革的一座里程碑，能够为更广泛的老年群体提供基本生活保障。此外，关于将退休年龄延迟到 68 岁至 70 岁的设想目前正在讨论中①。

四、法国退休制度

法国最早的退休体系是始建于 1673 年路易十四设立的海军残疾基金制度，这也是世界上最早的"现收现付"（retraite par répartition）制，后逐渐扩大至全体军人、王室雇员和神职人员，由王室承担相关费用。19 世纪的工业革命产生了新的生产方式，铁路、电气、天然气等部门率先推出行业退休制，并随着社会进步而逐渐完善②。

法国退休制度规定了三种不同的退休年龄：获得最低退休金年龄；全率退休金年龄；必须终止一切经济活动的法定年龄。规定 1983 年 4 月 1 日前年满 65 岁可领取全率退休金，之后提前到 60 岁，但要交足 37.5 年的养老基金。退休金的计算要依据以下三个方面：就业期间工资、退休起始年龄、就业期限。计算退休金时参考的工资可选择就业生涯中收入最高的 10 年年平均工资确定起始退休金。除此以外，还设有各种社会职业的补充制度（700 多个）和各种老年补贴。法国退休金来源有三个渠道：法定扣除的个人缴纳的养老基金、企业分摊的部分和国家补贴。其主要来源是个人缴纳的养老积累基金③。

法国特种老年退休制度的老年待遇优越于参加普通制度的老人，主要表现在退休年龄和领取的退休金数量方面。

（1）退休年龄。在矿工制度中由于工作条件恶劣的特点，工龄满 30 年、年龄达 55 岁可以享受全率退休金待遇，或满 30 年工龄但其中有 20 年从事深井作业者、年满 50 岁也可领取全率退休金。法国国营铁路公司

① 人民日报. 德国退休后再就业人员比例增加［DB/OL］.（2021－07－27）［2021－09－10］. http：//192.168.30.70：957/.

② 王战. 法国退休制度的演变及改革困局［J］. 人民论坛，2020（11）：135－137.

③ 贾岩. 简明老年学辞典［M］. 北京：中国商业出版社，1990：483.

员工退休年龄为 55 岁，司机和机械师工龄满 25 年、50 岁可以退休。对于有 3 个孩子的妇女，只要工龄满 15 年就可退休，且没有退休年龄的限制。在法国燃气、电力公司从事烈性或有害身体工作的年满 55 岁、工作年限满 25 年方可退休；妇女工作年限也为 25 年，但没有年龄限制。海员正常退休年龄为 55 岁，如果工作年限满 25 年也可退休。巴黎交通部门自治制度规定，久坐工作的职员退休年龄为 60 岁，走动工作的职员退休年龄为 55 岁，从事条件恶劣及对身体有害工作的职员退休年龄为 50 岁，工作年限根据不同情况限定在 25—30 年之间。公证员、书记员制度中，规定妇女的退休年龄从 60 岁提前到 55 岁。

（2）退休金方面：一般退休金是参考原工资，领取比例为 75%，另加 2% 的退休金补贴，此外还有子女补贴。参考工资因社会职业而异，各业参考工资如下：地方集体企业和国营企业工人、公务员最后一年基本工资；巴黎交通部门及法国银行最后 6 个月工资；法国国营铁路公司 3 年最高工资的平均工资；公证员、书记员最后 4 年的平均工资；海员退休金随每个阶段承包工资而变化，一般参考最后 3 年的基本工资；矿工领取单位承包的退休金。普通退休制度和特种退休制度的退休金均由个人和雇主分担，所以退休老人参加不同的制度，领取的养老金多少不一样。总的看来，矿工和国营铁路公司享有国家最优惠的养老金待遇，尤其在老年保险方面更为突出。为了国家的安定、统一，国家权力机构对执行一般制度的老年人进行一定的财政补贴，以缩减两种制度间的养老金差异[①]。

下图为全球经济指标平台展示的 2012 年—2022 年法国退休年龄（分男性、女性）以及劳动力相关指标内容：

_____

① 贾岩. 简明老年学辞典［M］. 北京：中国商业出版社，1990：483.

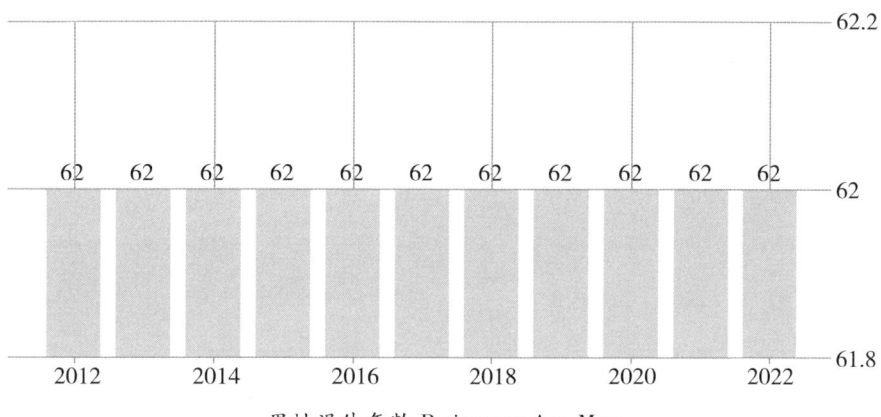

男性退休年龄 Retirement Age Men

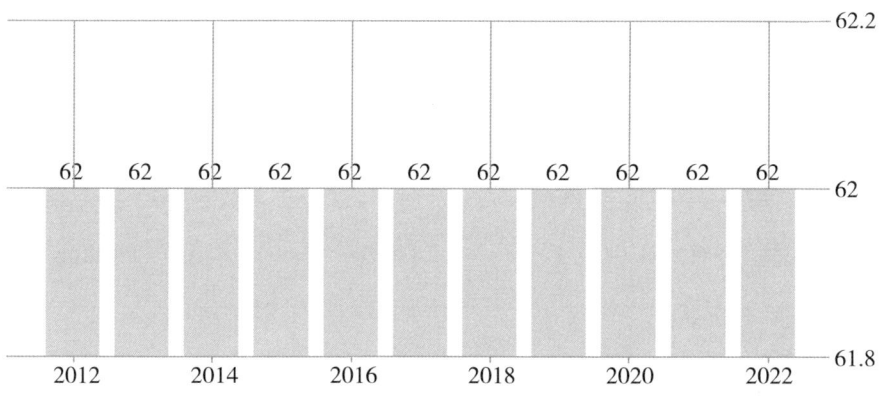

女性退休年龄 Retirement Age Women

图 11　2012 年—2022 年法国退休年龄（男性、女性）

表 15　法国劳动力相关指标统计①

法国劳动力	最新数据	前次数据	历史日期	历史最高值	历史最低值	单位	统计截点
失业率	7.4	7.3	1975 - 2022	10.7	3.2	%	2022 年 6 月

① France – Economic Indicators ［EB/OL］. ［2022 - 10 - 14］https：//zh. trading economics. com/france/indicators.

续表

法国劳动力	最新数据	前次数据	历史日期	历史最高值	历史最低值	单位	统计截点
就业人数	29614.5	29141.9	1950 - 2022	29614.5	19522	千	2022 年 6 月
失业人数	2966	2966.8	1996 - 2022	4294.5	1982.6	千	2022 年 8 月
就业率	68	68	2003 - 2022	68	63.9	%	2022 年 6 月
长期失业率	2	2.2	1992 - 2022	5	1.4	%	2022 年 6 月
青年失业率	16.5	17	1983 - 2022	27.3	14.5	%	2022 年 8 月
劳动力成本	110.9	109.8	1950 - 2022	110.9	5.9	指数点	2022 年 6 月
生产率	101	101.98	1950 - 2022	103.7	18.48	点	2022 年 6 月
职位空缺	322.5	337.7	1995 - 2022	396.4	79.8	千	2022 年 8 月
工资	3183	3137	1995 - 2019	3183	1751.73	欧元/月	2019 年 12 月
工资增长	0.5	0.3	1999 - 2021	1	0.1	%	2021 年 12 月
最低工资	1645.58	1603.12	1999 - 2022	1645.58	1035.97	欧元/月	2022 年 9 月
人口	67.63	67.45	1960 - 2021	67.63	45.46	百万	2021 年 12 月

续表

法国劳动力	最新数据	前次数据	历史日期	历史最高值	历史最低值	单位	统计截点
女性退休年龄	62	62	2009－2022	62	60	岁	2022年12月
男性退休年龄	62	62	2009－2022	62	60	岁	2022年12月
劳动力参与率	73.5	73.4	2003－2022	73.5	70.2	％	2022年6月
首次申请失业救济人数	－1	20.3	1996－2022	818.6	－203.9	千	2022年8月
兼职就业	4652.4	4687.6	1998－2022	4942.6	3802	千	2022年6月
非农就业数据	26643.1	26547.8	2010－2022	26643.1	24329.3	千	2022年6月
全职工作	23172	22867.3	1998－2022	22867.3	18337	千	2022年6月
政府就业	5926.2	5925.5	2010－2022	5926.2	5611.4	千	2022年6月
就业人数变化	0.4	0.4	1975－2022	1.5	－2.5	％	2022年6月

据法国退休保险金库网站公布的年度统计数字，2018年12月31日，法国全国总共有1435万人领取退休金，其中女性798万人，男性637万人，这包括"可复归的退休金"（配偶去世后转移给寡妇或鳏夫的退休金）在内。与2017年相比，领取退休金的人数增加了1.5%，2017年的增幅为0.8%，2018年享受"直接权利"（不包括"可复归的退休金"）的新退休人数为666423人，年增幅为5.3%，2017年的增幅为3%。领

取退休金的人数开支增加，使得社会保险普通制退休金库开支增加。2018 年法国总共发放 1180 亿欧元的退休金，比 2017 增加了 2.9%，2018 年发放的每人每月平均退休金额为 686 欧元，年增幅 0.9%①。

2019 年 12 月 11 日，时任法国总理爱德华·菲利普在经济社会及环保委员会的讲话中公布了法国政府退休制度改革计划细节，计划将法国各行业 42 种退休制度逐步合并成一个统一方案，以实现社会公平。菲利普强调"改革没有赢家也没有输家"，改革不是要掀起一场"战役"。菲利普此次解读的主要措施包括终止特殊退休制、设立对工资按指数计算退休权利积分值以及按积分值计算退休权利的全民统一退休制，并计划从 1975 年出生的一代人开始实行新的退休制度。

具体而言，主要包括建立全民统一退休制、逐步取消现行 42 个特殊退休制、平行设立逐步延长到 64 岁的"均衡年龄"、以保障退休金来源与连带制度高水平运作的资金可持续、与欧盟接轨等举措。菲利普表示，政府改革的目的是实现社会公平，该方案尽可能保护不同社会阶层的利益，比如对失业和生病者给予补偿积分，将最低退休金从每月 970 欧元提高到每月 1000 欧元，警察、消防员等危险职业保留特殊退休福利等。

对于这一方案，法国各大工会强烈反对，法国总工会秘书长马丁内斯批评政府糊弄工人；巴黎公共交通运营商的最大工会组织也表示，让人们的工作时间更长"已经跨越了'红线'"；法国工人民主联合会负责人表示，方案对艰苦工作的保障远远不够，最低退休金的提高幅度太小。各大工会纷纷号召在全国开展更大规模的罢工活动，迫使政府取消"基准年龄"，就退休改革方案重新谈判②。

---

① 欧洲时报. 法国退休金大数据出炉［EB/OL］.（2019 - 03 - 06）［2020 - 12 - 29］. https：//ishare. ifeng. com/c/s/7ko1AHyupPZ.

② 经济日报. 法国公布退休制度改革方案：逐步合并 42 种退休制度［EB/OL］.（2019 - 12 - 13）［2020 - 12 - 30］. https：//baijiahao. baidu. com/s？id = 1652759375121255118&wfr = spider&for = pc.

　　时任法国总理爱德华·菲利普在 2020 年 1 月 11 日公布了一封给参与退休制度改革谈判的工会组织的一封信，这是法国政府自宣布退休制度改革草案以来做出的最大让步。他在信中表示，政府准备放弃在 2027 年将 64 岁作为基准年龄，也就是拿到满额退休金的最低年龄这一内容。但是为了到 2027 年实现养老金收支平衡的目标，如果有足够数量的工会组织参与，政府建议在 2020 年 1 月底之前举行会议，商讨相关措施。会议要在 2020 年 4 月底之前，即国会对退休制度改革草案进行二度表决之前提交相关讨论结果。菲利普还为会议画了两条红线：第一，为了保证退休人员的购买力，不能降低养老金；第二，为了保证经济竞争力，不能提高企业的劳动力成本。菲利普在信中说，如果各方能达成一致，政府会通过法令形式将讨论结果纳入法律。反之，政府也将采取必要措施以达到在 2027 年实现养老金资金平衡的目标①。

　　2023 年 1 月，法国官方公布退休制度改革方案，计划将法定退休年龄延迟至 64 岁，以缩小养老金支出缺口。此次延长退休年龄是一个循序渐进的过程，从 2023 年 9 月开始，法定退休年龄每年延迟 3 个月，最终目标是到 2030 年，法定退休年龄从目前的 62 岁延迟至 64 岁。此外，还规定从 2027 年开始只有工作满 43 年才能领取全额退休金，但是 20 岁之前就工作的人可以提前退休。法国总理博尔内表示更多的工作意味着未来的退休人员会获得更高的养老金。到 2030 年，法国退休系统也将在财务上保持平衡。

　　此次退休制度改革方案一出台便在法国政界引发震动，法国两大主要反对派——极左翼政党"不屈的法兰西"和极右翼政党"国民联盟"都表示反对该方案。同时还引发民众强烈抗议，大规模罢工和示威游行此起彼伏。2023 年 3 月 20 日，法国国民议会通过政府提出的退休制度改

　　①　央视新闻. 法国政府宣布放弃 64 岁退休基准年龄，作出退休制度改革最大让步［EB/OL］.（2020 - 01 - 12）［2020 - 12 - 31］. https：//www.cctv.com.

革方案。4 月 15 日，法国政府发布政府公报，宣布退休制度改革方案以法律形式颁布施行。

五、俄罗斯退休制度

十月革命胜利后，苏联先后颁布了《劳动者社会保障条件》（1918年）、《退休金条例》（1928 年）等社会保障法规。从 20 世纪 50 年代起，苏联政府开始建立比较完备的社会保障制度。1956 年，苏联制定了全国统一的《国家退休法》，根据按劳分配的原则确定了退休的条件和退休金数额。

根据《国家退休法》规定，凡是全民企事业单位职工或由全民企事业单位调往集体农庄的农机人员，男性满 60 岁、工龄满 25 年，女性满55 岁、工龄满 20 年，就可以享受退休权利。退休金每月最低不少于 30卢布，最多不高于 100 卢布。从事高温、采矿、对身体有害工作的职工可以提前 5 年退休，退休金按比例减少。工龄超过规定者，每月增加10% 的附加退休金。退休者如需赡养无劳动能力的家庭成员，可获10%—15% 的附加退休金。1964 年，苏联将享受退休的人员范围逐渐扩大到集体农庄主席、受过高等和中等教育的农业专家及农业机械师。1965 年《集体农庄庄员养老金和补助费法》颁布后又扩大到集体农庄庄员，但是庄员退休待遇低于全民企事业单位职工，退休金每月最低为 12卢布，最高为 102 卢布，退休年龄比全民职工要高 5 年。1968 年将庄员退休年龄改为和全民职工保持一致。1971 年起，全民职工的每月最低退休金由最低 30 卢布上涨到 45 卢布，庄员每月最低退休金上涨到 20 卢布，每月最高退休金均上涨到 120 卢布。1986 年规定集体农庄庄员的退休金可以按照全民职工退休金 100% 的标准发放。1987 年《进一步改善集体农庄庄员老残恤金待遇法》规定，农庄庄员领取退休金 10 年以上者，其最低退休金可提高到每月 50 卢布，逐渐缩小农庄庄员与全民职工在退休待遇方面的差距。1987 年苏联颁布《关于实行职工和集体农庄庄员附加退休金自愿保险的决议》，并于 1988 年 1 月 1 日起实施。自此，苏联开始采取个人和国家共同集资的办法设立保险基金，其资金一半来源于个人缴纳的保险基金，一半来源于国家预算。在职人员根据自愿原则按月缴纳保险费，退休后每月可领 10—50 卢布不等的附加退休金。

苏联解体后，为创建得以和市场经济相适应的养老保障机制，俄罗斯开始进行社会保障体制变革。1991 年 12 月，俄罗斯政府颁布《退休养老基金法》，建立独立于国家预算的退休养老基金，由国家预算拨款的养老保障制度逐步过渡到与市场经济原则相适应。基金由国家、企业和个人三方共同承担，其中雇主按照工资总额的 31.6% 缴纳，农场主按照工资总额的 20.6% 缴纳，工人和公司职员按照本人工资收入的 5% 缴纳，其他人员按照工资收入的 1% 缴纳。

从 1993 年开始，因为国家整体经济状况恶化，严重的通货膨胀导致俄罗斯出现养老金支付危机，许多靠退休金生活的人根本无法保持应有的生活水平。1995 年，俄罗斯总统签署了第 790 号政府令《关于实施养老保障体系改革构想的措施》，开始养老保障体系改革，采纳世界银行提出的"三支柱"养老金制度改革建议，并于 1997 年根据联合国的建议推出"三支柱"养老金体系改革方案。但是由于当时俄罗斯政治和经济发展极其不稳定，再加上 1998 年的金融危机导致此次改革没有实质性进展，实际实行的还是现收现付制度。

2001 年普京政府借助国际石油价格大涨的机会，清理了多年积欠的工资和养老金，并着手开始改革养老保险制度，于 2001 年 12 月连续出台《俄罗斯联邦国家养老保障法》《俄罗斯联邦强制养老保险》《俄罗斯联邦劳动保险法》《俄罗斯联邦劳动养老金储蓄部分基金法》等四部法案，通过法律手段对 1997 年的"三支柱"养老保障制度进行改革并逐步落实，由完全的现收现付制度逐渐向部分积累制模式转变，退休人员除了领取基本的养老金以外，还可以对自己的储蓄养老资金进行投资，储蓄养老资金与投资收益全部归个人所有。2002 年，俄罗斯政府确定了由社会养老保险、强制性养老保险、补充养老保险构成的"三支柱"养老保障体系。

第一支柱是社会养老保险。由国家提供财政支持，主要承担两类人群的社会养老金：一是为公务员、军人发放养老金；二是保障无法缴纳养老保险费的特困人群，如没有获得退休金的残疾人、老年人、无子女的人、无收入的人等，政府对这些特困人群实施救助措施。俄罗斯规定男性年龄满 65 岁、女性年龄满 60 岁就可以享受社会养老金，前者领取的养老金与工龄等因素有关，后者则是领取较低的固定金额养老金，但是也会按照物价涨幅情况进行一定的调整。

第二支柱是强制性养老保险。是俄罗斯养老保险体系的核心，所有俄罗斯职工都必须参加。强制性养老保险由基本养老金、养老保险金和养老储蓄金三部分构成。

（1）基本养老金是为残疾人、退休的残疾人抚养人与 80 岁以上的老人设立的，主要来自俄联邦财政转移补贴与企业缴费，每人享受的金额相同。自 2011 年起，基本养老金被并入养老保险金。

（2）养老保险金是退休职工养老金的主要来源。职工缴纳的养老保险金用于发放当期退休人员的养老金，采用现收现付的模式。俄罗斯企业职工都需要缴纳养老保险金，根据职工的出生年份，养老保险金的费率分为两类：第一类，1967 年之前出生的职工，在缴费限额（2020 年为 129 万卢布/年）内需缴纳个人工资的 22%，其中企业承担 6%、职工个人承担 16%，超出缴费限额的部分按照 10% 的比例缴纳；第二类，1967 年及之后出生的职工，在缴费限额内需缴纳个人工资的 16%，其中企业为其承担 6%、职工个人缴纳 10%，超出缴费限额部分按照 4% 的比例缴纳。

（3）养老储蓄金是俄罗斯职工养老金的积累部分，采用完全累积模式。与养老保险金不同的是，养老储蓄金可以进行投资取得收益。因此养老储蓄金的资金收入主要包括两个部分，一是职工缴费收入，二是资金的投资收益。俄罗斯养老储蓄金制度采用"老人老办法、新人新办法、中间逐步过渡"的原则，1967 年及之后出生的职工强制缴纳，1967 年之前出生的职工可以自愿选择是否为养老储蓄金缴费。储蓄金的全部保险费由职工个人承担，缴纳比例为个人工资的 6%，雇主无须承担①。

第三支柱是补充养老保险。是员工根据自愿参加交由非国有养老基金会管理的补充性保险，退休后可以领取自己缴纳的保险费及其投资收益。

从 2017 年 1 月 1 日起，俄罗斯关于延迟公务人员退休年龄的法案正式生效，从 1 月 13 日到 29 日，所有退休人员获得一次性补贴 5000 卢布。俄罗斯的延迟退休政策包括以下一些内容：俄罗斯政府计划将延迟退休推广到全体公民，目前实施的第一步是从公务人员退休改革开始。根据该法案，退休年龄将延长 6 个月，法案适用于国家公务员、市政公务员，以及固定的俄罗斯联邦公职人员、地区公职人员和市政公职人员。法案生效后，男、女公务员的退休年龄将分别由原来的 60 岁和 55 岁延长至60.5 岁和 55.5 岁，其他行业暂时不变。提高"退休门槛"将分阶段进行，最终改革目标为所有人员根据年龄指标获得退休资格和养老保险，男性为 65 岁，女性为 63 岁。

伴随推迟退休年龄改革的同时，还有退休金制度的改革。因为退休金问题涉及许多民众的直接利益，所以俄罗斯全社会对此讨论从提案开始就非常激烈。根据新法案，工作人员能获得退休金的工龄下限将从 15年分阶段提高到 20 年，联邦委员会和国家杜马议员获得养老保险的工龄下限从 1 年扩大到 5 年。同时，法案还规定了国家级和地方级工作人员享

---

① 田雅琼. 俄罗斯养老储蓄金制度改革［J］. 俄罗斯学刊. 2022，12（03）：101－119.

有领取退休金权利的统一条件。该退休金改革方案若一切进展顺利，下一步目标将适用于所有俄罗斯公民。

俄罗斯政府在此次延迟退休改革设计方面筹划多年，但各种阻碍力量层出不穷，最终在多种方案对比下，借经济危机之名，正式推出了改革的第一步。实施此次改革主要有三个重要原因：

第一，俄罗斯当前的退休年龄制度给财政带来了问题。当下养老金制度面临日益增长的赤字问题，缺口达到近 20000 亿卢布。延长公务人员退休年龄，在 2017 年为俄联邦预算节省出大约 6.2 亿卢布的支出。虽然延迟退休年龄并非解决赤字问题的唯一选择，但是其他替代方案的实施难度都很大，该法案的改革路径可谓是阻力最小、难度最低的选择。

第二，俄罗斯适龄劳动力正在减少，到 2030 年将出现 6 名工作人员供养 10 名退休人员的局面。

第三，俄罗斯人口平均寿命已经比以前提高许多，延迟退休可以让人们保持对工作的热情，充分利用其工作经验。延迟退休还有利于保留专业技术人才，由此节省的资金也可用于提高整体退休金水平。工作人员的熟练程度将整体提高。

在欧美制裁、经济危机的大环境下，俄罗斯政府缓进式的改革也得到全社会的理解。2017 年俄罗斯有约 4200 万退休人员，其中 1400 万人以退休返聘的方式仍在工作，这些返聘人员在领取养老金的同时还可获得相应的工资，有些人的总体收入甚至高于退休前。正是那些期待高薪返聘又即将退休的人群反对声音最大，但俄罗斯政府将完全实现退休改革目标预计到 2023 年，这种"小步慢走"的渐进方式，有助于异议人群逐步适应延迟退休的政策[①]。

2018 年 6 月 14 日，俄罗斯政府提交国家杜马审议延迟退休方案。自

---

① 延迟退休：公务员"试刀"俄罗斯正式启动延迟退休 [EB/OL]. (2017 - 01 - 09) [2021 - 01 - 09]. http://www.zhicheng.com/gjcj/n/117546.html.

2019 年开始，俄罗斯将以每年增加 6 个月的"步幅"逐步提高退休年龄，最终在 2028 年将男性退休年龄从现在的 60 岁延至 65 岁，在 2034 年将女性退休年龄从 55 岁延至 63 岁。此次延迟退休方案只针对 1959 年（包括 1959 年）之后出生的男性和 1964 年（包括 1964 年）之后出生的女性。延迟退休方案提交国家杜马审议后，遭到俄罗斯人民的反对，随后普京总统提出将对延迟退休方案作出调整。

2018 年 9 月 27 日，俄罗斯国家杜马举行全体会议，正式通过了有关俄退休制度的修正案。俄杜马的声明说，该修正案将俄女性公民和男性公民退休年龄分别调至 60 岁和 65 岁，多子女女性可享受提前退休，生育 3 个孩子的母亲可以提前 3 年退休，生育 4 个孩子的母亲可以提前 4 年退休，生育 4 个孩子以上的母亲目前可以提前至 50 岁退休。声明引用俄杜马主席沃洛金的话说，修正案目的在于提升退休人员福利、提高退休金水平，保证其平均数额不低于每月 2 万至 2.5 万卢布。沃洛金还指出，有必要建立稳定有效的退休制度，以保障退休金增幅高于通胀率，退休金数额不低于国内平均工资水平的 40%[①]。2018 年 10 月 3 日，俄罗斯总统普京正式签署了《关于完善俄罗斯退休制度》的法律，规定从 2019 年起分阶段延迟退休年龄 5 年，到 2028 年男性退休年龄延长至 65 岁，女性退休年龄延长至 60 岁。

俄罗斯财政部长西卢安诺夫在接受俄《生意人报》记者采访时被问及"自 2018 年 5 月以来，政府工作中最困难和最紧张的时刻是什么"，他回答："最困难的就是研究修订退休制度的问题，从没有想到全俄罗斯社会对这一话题的讨论会如此复杂。"西卢安诺夫指出："政府预算没有足够的资金来运转 20 世纪制定的养老制度，如果又不能削减医保、教育、国防等其他领域的开支，就只能提高退休年龄。"西卢安诺夫表示，

---

① 新华网. 俄杜马通过退休制度修正案［EB/OL］.（2018 − 09 − 27）［2021 − 01 − 11］. http：//www. xinhuanet. com/world/2018 −09/27/c_1123493378. htm.

当前俄罗斯面临的劳动环境和人口预期寿命已经完全不同，所有国家都在推进改变年龄标准的工作，为改善退休人员的生活条件创造新的前景。虽然所有修订方案都经过全社会的广泛讨论，但政府的提议依然难以被社会接受，舆论压力依然存在①。

下图为全球经济指标平台展示的 2012 年—2022 年俄罗斯退休年龄（分男性、女性）以及劳动力相关指标的内容：

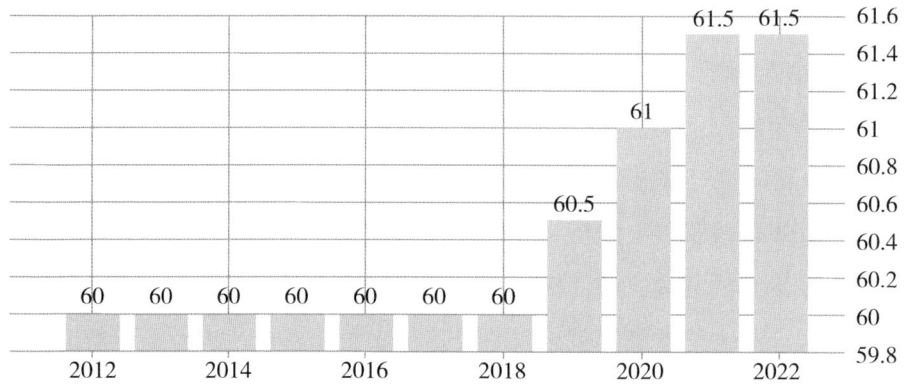

男性退休年龄 Retirement Age Men

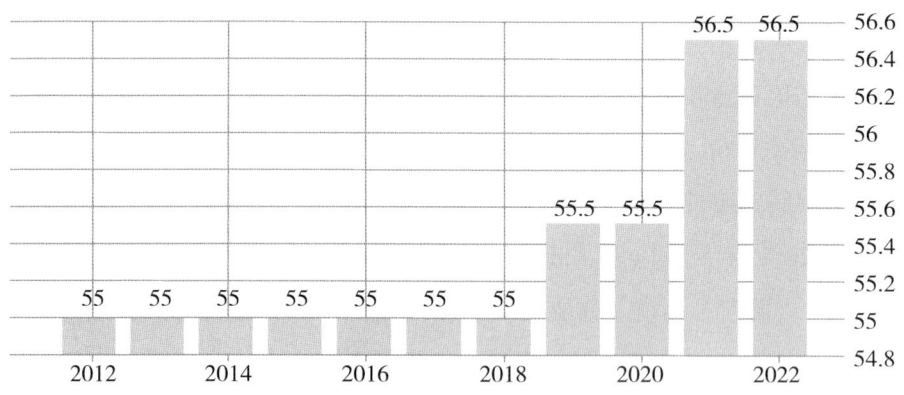

女性退休年龄 Retirement Age Women

图 12   2012 年—2022 年俄罗斯退休年龄（男性、女性）

---

①   俄财长：提高退休年龄的决定很痛苦但必须这么做 [EB/OL]. (2019 - 01 - 15) [2021 - 01 - 12]. https：//www. guancha. cn/internation/2019_01_15_486979. shtml.

表 16 俄罗斯劳动力相关指标统计①

俄罗斯劳动力	最新数据	前次数据	历史日期	历史最高值	历史最低值	单位	统计截点
失业率	3.8	3.9	1992 – 2022	14.1	3.8	%	2022 年 8 月
就业人数	72.6	72.1	1991 – 2022	74.1	60.4	百万	2022 年 8 月
失业人数	2.9	2.9	1992 – 2022	10.4	2.9	百万	2022 年 8 月
就业率	60.4	59.9	2013 – 2022	66.6	58	%	2022 年 8 月
劳动力参与率	62.3	62.3	2000 – 2022	70.3	61.7	%	2022 年 7 月
生产率	– 0.4	2.6	2003 – 2020	7.5	– 4.1	%	2020 年 12 月
工资	62200	66572	1990 – 2022	77994	0	卢布/月	2022 年 7 月
工资增长	– 3.2	– 3.2	1998 – 2022	27.2	– 41.4	%	2022 年 7 月
最低工资	15279	13890	2000 – 2022	15279	132	卢布/月	2022 年 5 月
人口	145.55	146.2	1960 – 2021	148.6	119.9	百万	2021 年 12 月
女性退休年龄	56.5	56.5	2004 – 2022	56.5	55	岁	2022 年 12 月
男性退休年龄	61.5	61.5	2004 – 2022	61.5	60	岁	2022 年 12 月

---

① Russia – Economic Indicators ［EB/OL］. ［2021 – 01 – 08］. https：//zh. tradingeconomics. com/russia/retirement – age – men.

六、日本退休制度

日本独有的养老制度起源可追溯到明治时期的"恩给制度"。1875年（明治八年）和1876年（明治九年），明治政府针对军人实施了"恩给"政策，恩给年限和金额依照官阶及个体情况之不同，分别有详细规定，比如最下层的士兵的恩给年限为12年等，以保障他们本人及遗属的生活。到了1884年（明治十七年），针对文官（即当时的公务员）的恩给制度也开始实施了（恩给年限一般为17年）。这样，当时的恩给制度就已经涵盖了包括文官武将在内的所有公职人员。然后，又经过明治后期和大正初期的数十年的具体实践，在1923年（大正十二年），日本《恩给法》正式出台，这被视为日本"年金制度"（即养老保险制度）之始①。

20世纪70年代以前，日本普遍施行的是55岁退休制。进入70年代以后，出台了60岁退休的政策。1986年《中老年人就业促进法》更名为《老年人雇用安定法》，规定企业有义务尽量雇佣劳动者至60岁。进入21世纪，在日益严峻的老龄化背景下，日本政府先后出台了多项有关逐步延迟退休年龄的政策法规，以弥补15—64岁年龄人口的骤减。2013年，再次修订的《老年人雇用安定法》正式实施，规定企业有义务采取措施保障老年人就业，特别是对年满60岁且有工作意愿的老年人应保障其工作到65岁②。

日本的养老金制度由公共年金和非公共年金组成，而公共年金又可分为国民年金和厚生年金（或共济年金）。

（1）国民年金。日本法律规定所有20岁以上60岁以下的国民不分职业都有义务参加国民年金。参保者若为专职家庭主妇，则不需要缴纳

---

① 南方周末.700万"下流老人"背后，日本养老金为何入不敷出？[EB/OL].（2019–08–10）[2021–01–12].https：//static.nfapp.southcn.com.

② 腾讯网.日本一企业将退休年龄放宽至80岁，延迟退休渐成各国趋势[EB/OL].（2020–07–28）[2021–01–13].https://new.qq.com/omn/20200728/20200728A0UGPJ00.html.

保费；参保者若为自营业者、大学生等，则每月要向国民年金保险上缴16260日元保费，从65岁开始平均每个月可领取57000日元的国民年金。

（2）厚生年金（或共济年金）。在日本受雇于企业等单位的正式员工有义务参加厚生年金。保费缴纳期间为从参加工作开始到退休为止，保费为月薪的17.83%，由个人和企业折半出资。而公务员等则参加共济年金，保费是由个人和国家折半出资。厚生年金或共济年金加入者领取的年金为国民年金+厚生年金或共济年金，从65岁开始平均每个月共可领取154000日元的年金。

（3）非公共年金（企业年金、个人年金）。非公共年金是为了进一步增加人们年老后的收入，让人们可以安心养老，并没有法律义务。这一点不同于法律上规定了参加义务的国民年金和厚生年金（或共济年金）。非公共年金包括企业年金和个人年金两部分，企业年金分为固定收益年金和固定缴费年金两大类，个人年金则没有固定收益年金，只有固定缴费年金一类。固定收益年金是基本固定企业职工年老后获得收入的金额，然后根据这一金额计算出现在每个月必须向该保险系统缴纳的保费，这项保费也由企业和劳动者分担。而固定缴费年金分为企业型和个人型两类，规定了每个月缴费的金额，但收益要根据投资的效益决定。

下图为全球经济指标平台展示的2012年—2022年日本退休年龄（分男性、女性）以及劳动力相关指标的内容：

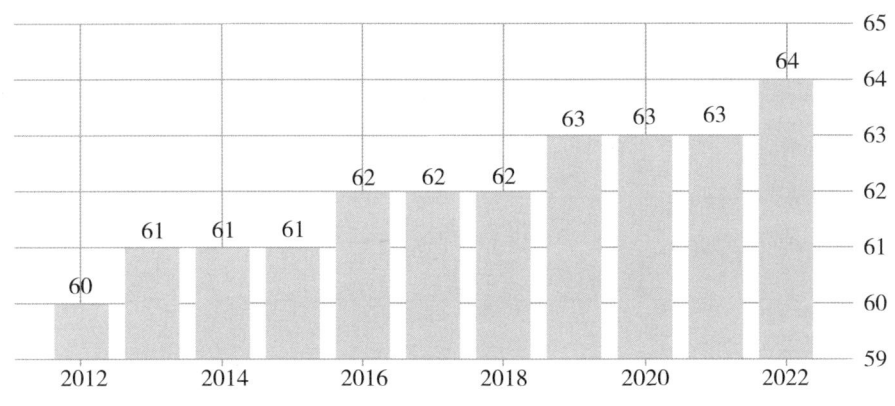

男性退休年龄 Retirement Age Men

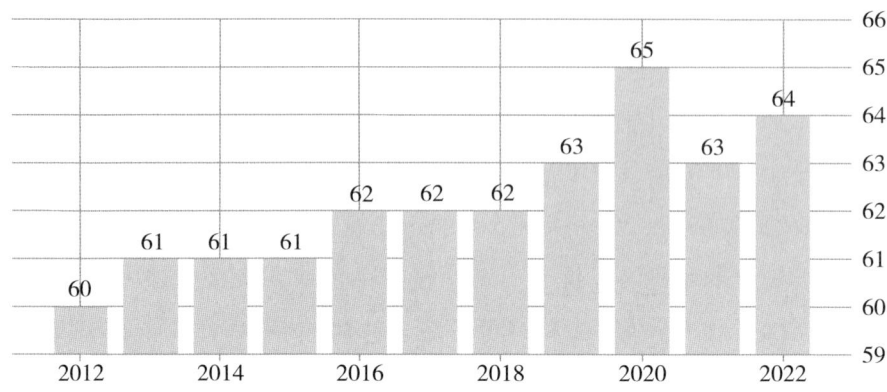

女性退休年龄 Retirement Age Women

图 13　2012 年—2022 年日本退休年龄（男性、女性）

表 17　日本劳动力相关指标统计①

日本劳动力	最新数据	前次数据	历史日期	历史最高值	历史最低值	单位	统计截点
失业率	2.5	2.6	1953 - 2022	5.5	1	%	2022 年 8 月
就业人数	67300	67340	1953 - 2022	67570	38370	千	2022 年 8 月
失业人数	1750	1760	1953 - 2022	3680	490	千	2022 年 8 月
兼职就业	7175	7164	1990 - 2022	7613	1988	千	2022 年 8 月
全职工作	22220	22296	1990 - 2022	22448	19397	千	2022 年 8 月
就业率	61.3	61.3	1972 - 2022	65.4	55.9	%	2022 年 8 月

---

①　Japan – Economic Indicators ［EB/OL］. ［2022 – 10 – 14］. https：//tradingeconomics.com/japan/indicators.

续表

日本劳动力	最新数据	前次数据	历史日期	历史最高值	历史最低值	单位	统计截点
劳动力参与率	62.9	62.9	1953 - 2022	74	58.5	%	2022 年 8 月
青年失业率	4.4	3.8	1970 - 2022	10.8	1.6	%	2022 年 8 月
生产率	98.2	98.9	1990 - 2022	117.6	66.8	点	2022 年 7 月
职位空缺	863.04	892.39	1960 - 2022	1008.64	266.29	千	2022 年 8 月
工资	313161	440780	1970 - 2022	883791	52914	日元/月	2022 年 8 月
工资增长	1.7	1.8	1972 - 2022	35.02	-7.1	%	2022 年 8 月
最低工资	930	902	2002 - 2021	930	663	日元/小时	2021 年 10 月
人口	125.31	125.67	1950 - 2021	128.06	83.2	百万	2021 年 12 月
女性退休年龄	64	63	2009 - 2022	65	60	岁	2022 年 9 月
男性退休年龄	64	63	2009 - 2022	64	60	岁	2022 年 12 月

日本已在讨论，拟定将退休年龄推迟到 70 岁，有一些激进管理者甚至提出，要求企业取消退休制度。日本有自己的特殊国情，人口老龄化非常严重，青年人的养老负担日益加重，非常有可能出现"无养老金"可发的情况。日本现行法律规定的退休年龄是 60 岁，但是到 65 岁才能领

取养老金。

现行的《老年人雇用安定法》规定，企业有义务采取措施保证老年人工作至65岁，具体做法包括废除退休制、延长退休年龄至65岁，或者采取再雇用措施保证其工作至65岁。政府计划新修订的法律内容，除将上述条款中的退休年龄延长至70岁外，还增加了帮助职工到其他企业再就业、将自由职业者转为合同制、支持中老年人创业、企业向退职人员创办的社会组织提供资金支持等。第一步，先将此作为努力目标；第二步，待时机成熟时，再提升为必须实现的义务①。

在2019年5月召开的未来投资会议上，日本政府确定了即将出台的"新经济成长战略"主要内容。其中，为应对人口减少问题，日本政府提出再次延长退休年龄，争取延长至70岁，同时鼓励兼职和开办副业。2021年4月1日，日本开始实施修改后的《老年人雇用安定法》，要求企业为有意愿的老年人提供就业机会。企业可以通过提高或取消退休年龄以及返聘等共计5种方式，努力为有意愿工作到70岁的老年人确保就业机会。虽然把年龄范围进一步扩大到了70岁，但仅仅要求企业为相关目标"努力"，并不具有强制性。目前日本的法定退休年龄下限仍然维持在60岁②。

七、韩国退休制度

2000年，韩国65岁以上人口突破总人口的7%，进入老龄化社会。而近些年来，韩国的人口出生率却不断降低。根据韩国统计厅《2022年高龄人口统计》数据显示，韩国2022年65岁及以上人群占总人口比例达到17.5%，为901.8万人，首次突破900万人大关。预计到2025年达

---

① 株洲新闻网. 日本拟将退休年龄延长至70岁［EB/OL］.（2019－05－21）［2021－01－15］. https：//zzwb. zznews. gov. cn/content/c1474696. html.

② 北京日报. 70岁退休时代来临？日本正式实施这一规定［EB/OL］.（2021－04－03）［2022－10－14］. https：//baijiahao. baidu. com/s？id＝1695990326694303683&wfr＝spider&for＝pc.

到20.6%，韩国将进入超高龄社会。韩国在短短7年内，就从老龄化社会进入到超老龄化社会。预计到2044年达到36.7%，为世界最高。老龄人口的增加、出生率的降低，使得韩国国民养老问题突出，并导致人力资源匮乏。韩联社称，人口快速老龄化加上生育率屡创新低，意味着面向老年人的卫生和福利服务成本攀升，国家财政负担将加重。由此，韩国政府不得不在延长退休年龄方面下功夫。

韩国的老年收入保障体系于20世纪60年代开始建立，老年人的收入主要来自于公共年金带来的收入保障。韩国公共年金由公务员年金和国民年金两个主要支柱构成。公务员年金由针对三个特定职业群体的公务员年金、军人年金和私立学校教职员年金组成，政府通过建立《公务员年金法》首先在1960年对政府雇员实施公共年金制度，又通过《军人年金法》《私立学校教职员年金法》等立法在1963年和1974年分别增加了军人和私立学校教师为保障对象。

1988年启动国民年金计划，在夯实社会养老保险的同时，着重突出企业、个人在养老保障体系中的角色，建立了多支柱养老保障体系基本框架。具体而言，保障最低养老收入的非缴费型基础年金充当"零支柱"，与收入挂钩的国民年金及特殊职业年金构成"第一支柱"，强制性退休金制度形成"第二支柱"，自愿性个人商业养老保险构成"第三支柱"，力求建立全方位多元力量参与的养老保障体系①。为了普及年金和完善相关法律政策，1999年韩国进行了一次重大改革，使得国民年金的覆盖范围扩大至包含城市自雇者以及少于5个雇员的小企业的雇员和雇主。

根据1997年7月颁布的《老年人福祉法改正法律案》，敬老年金制度于1998年7月1日开始实施。韩国的国民年金制度是从1988年开始实

---

① 张慧智，金香丹．韩国多支柱养老保障体系改革及启示［J］．人口学刊，2017，39（02）：68－77．

施，规定加入期限为 20 年，即年金要到 2008 年开始向加入者进行支付。因此，在 2008 年之前进入到老龄化阶段的老人就无法直接享受到国民年金的实惠。为了弥补这一缺陷，敬老年金制度在吸收老龄津贴制度的基础上，将适用对象设定为生活水平处于最低生活费以下的老年人和无法加入国民年金制度的老年人口。敬老年金制度随着 2008 年基础老龄年金制度的实施而被废除。

基础老龄年金制度是在 2007 年《基础老龄年金法》通过以后，从 2008 年 1 月开始实施的。该制度实施的初期，适用对象设定为收入所得排名在后 60% 的 70 岁以上老人。从 2008 年 7 月开始，适用对象范围扩大到收入所得排名在后 60% 的 65 岁以上老人，2009 年开始继续扩大到收入所得排名在后 70% 的 65 岁以上老人。基础老龄年金的给付额度是前 3 年国民年金加入者月收入平均值的 5%[①]。

为解决老龄化日益严重、面临养老金枯竭等问题，韩国从 2013 年开始开展养老保障制度改革，主要集中在两大方面，一是加强养老金可持续性，二是促进企业年金与个人年金等补充性养老保险发展。

第一，采取延迟退休、推迟领取养老金年龄等措施，减轻国民年金支付压力。为有效应对老龄时代的到来，韩国一方面实施延迟退休政策，另一方面提高了领取养老金的年龄，以实现国民年金"增收减支"效果，减轻养老金支付压力。实际上，韩国早在 1997 年第一次年金改革时就已决定分阶段提高养老金领取年龄，在经过 6 年的准备期后，2003 年将领取养老金年龄推迟到 61 岁并规定每 5 年增加 1 岁，直到 65 岁。此外，韩国于 2013 年 5 月通过《禁止雇佣年龄歧视与老年就业促进法》修订案，规定自 2016 年开始国有企业、公共机关、300 人以上营业机构的人员退休年龄延长至 60 岁，并于 2017 年开始在全国范围普及。在此之前，韩国

---

① 詹军，乔钰涵. 韩国的人口老龄化与社会养老政策［J］. 世界地理研究，2017，26 (04)：49 - 61.

并未对退休年龄进行法律规定，平均退休年龄在 52.8 岁左右，300 人以上营业机构平均退休年龄也仅达到 55.5 岁，延迟退休政策实行后有望在缓解养老金支出压力方面产生积极效果。

第二，企业建立薪资递减制度（salary peak），缓解延迟退休可能产生的不利影响。退休年龄改革不可避免会提高企业劳动成本，并对青年人就业产生一定负面影响，尤其韩国企业退休金具有强制性，改革影响范围较广。作为延迟退休政策的配套措施，韩国于 2015 年鼓励企业在劳资达成协议后建立"salary peak 制度"，即在保障退休年龄的同时，在员工达到一定年龄时，开始降低薪资，并相应减少工作时间。对企业而言，薪资递减制能够缓解延迟退休导致的成本提升问题，提高劳动弹性，节约有限劳动力资源，保留技术人才。

第三，启动公务员年金改革，缓解财政压力。长期以来，韩国国民年金与职业年金待遇差距受到民众普遍诟病。韩国特殊职业年金的费率及财政补贴率均高于国民年金，两者收入替代率具有显著差异。国民年金缴费满 40 年的收入替代率在 46.5% 左右，2028 年将降至 40%，而特殊职业年金缴费满 33 年的收入替代率达到 63%，引发民众不满情绪。更为重要的是公务员年金赤字日渐增多，对国家财政形成巨大压力，改革必要性凸显。2015 年 5 月，经过多年争议与研究，韩国国会通过《公务员年金法修订案》，公务员年金改革拉开帷幕，改革主要理念表现为"多缴、少领、晚领"。内容主要包括：阶段性提高公务员年金费率，2016 年开始公务员年金费率提高至月收入的 16%，并每年增加 0.25%，直到 2020 年提升到 18%，单位与个人各承担一半；阶段性降低公务员年金收入替代率，2016 年开始支付率由 1.9% 阶段性下调为 1.7%（年金总额是平均收入、工龄、支付率的乘积）；延迟公务员年金领取年龄，2016 年—2021 年退休人员从 60 岁开始领取，之后每 2 年延迟 1 岁，直至 2033 年实现 65 岁领取年金；未来 5 年（2016 年—2020 年）冻结公务员年金待遇，不随物价进行调整；降低领取年金缴费年限，由 20 年降至 10 年，适应当前就业理念的变化；引进公务员收入分配调整机制，高收入公务员年金待遇降低幅度高于低收入公务员，降低了改革对低收入公务员的影响。

第四，加速普及企业年金，夯实"第二支柱"。韩国领取国民年金人群的平均缴费年限为 15.7 年，实际收入替代率只能达到 20% 左右，仅仅依赖国民年金很难满足养老需求，补充性养老保险的重要性逐年增加。为全面升级退休金制度，提高制度运行效率，韩国规定从 2016 年开始在 300 人以上企业强制建立企业年金制度，到 2022 年所有企事业单位都实施这项制度。考虑基金外部积累的成本及劳工商议的烦琐议程阻碍了中小企业建立企业年金的热情，韩国也提出对 30 人以下中小企业（近 100 万家）资助部分资产运营费用（积累金的 0.2%），建立专门基金委员会制定基金投资组合，保障中小企业退休年金营利性。同时，针对 10 人以下规模企业，韩国免除制定退休年金规章等烦琐议程，建立了简易型退休年金，即引入个人退休计划（Individual Retirement Pension，IRP）替代企业年金计划。

第五，促进退休年金投资多样化，加强监管。韩国建立退休年金以后，投资收益率成为衡量退休年金成功与否的重要标准。为促进退休年金快速发展，韩国企划财政部在 2014 年 8 月公布《促进私人年金活跃发展相关对策》，对投资运营机制进行了调整。首先，提高退休年金风险性资产投资比例，旨在提高退休年金保值增值能力，加速培育养老金市场发展。从 2014 年 7 月起，缴费确定型退休年金（Defined Contribution，DC）及个人退休年金（IRP）风险资产投资比率向待遇确定型退休年金（Defined Benefit，DB）看齐，由 40% 提升至 70%，但禁止投资于股票、私募基金等高风险产品。其次，取消单个风险产品投资限额。DB 型退休年金投资组合中，除股票在风险投资组合中所占比例不得超过 30% 以外，其他如债券、基金、股权联动证券等混合型证券（Equity – Linked Security，ELS）、预托证券等风险型产品可自由组合。IRP 年金亦可自由选择投资组合，将风险性资产投资比例限制在 70% 以内即可。再次，针对银行、保险、信托等退休年金运营机构在投资过程中倾向于购买自身公司债券、股票而影响投资收益的问题，一方面，韩国金融委员会规定自 2015 年 7 月开始禁止年金运营机构购买本公司金融商品，间接提高资产组合质量；另一方面，将退休年金纳入存款保险制度保护范畴。2015 年开始存放在金融机构的 DC 型年金、IRP 年金部分存款纳入存款保险保护范畴，即存款保险制度为储户基础性存款提供最高 5000 万韩元为限的保护之外，另对退休年金中符合要求的最高 5000 万韩元存款提供保护。最后，在 DB 型年金运行方面，逐步推进养老金外部积累，并鼓励企业建立专门投资委员会，制定投资组合，定期上交投资报告书（IPS），提高投资收益率与稳定性。尽管韩国大幅放宽退休年金投资限制，但从短期来看，退休年金运营依然偏好国债等低风险产品，促进资本市场发展尚需时日。

第六，建立住宅年金（住房反向抵押贷款），丰富个人养老方式。韩国在借鉴美国反向抵押贷款成功经验基础上，2007 年 7 月针对 60 岁以上拥有单个房屋或多个房屋总值不超过 9 亿韩元的老人建立了住宅年金。具体而言，申请人将房产抵押给住宅金融公司，由住宅金融公司按即期市场价格为申请人提供担保，申请人在继续使用房屋的同时，每月从银行领取养老金直至身故。申请人身故后，住宅金融公司获得房产处置权，住房处置金额偿付养老金费用后剩余金额由法定继承人承袭，若房产处置金额不足以偿付养老保险相关费用，不足部分由住宅金融公司自行承担不再追偿。

韩国住宅金融公司是 2004 年建立的国有企业，住宅年金由政府作为隐性担保，安全性较高。在住宅年金设计方面，考虑申请人的紧急流动性需求，韩国住宅年金可设定贷款额度（最高为抵押住宅价值的50%），房屋价值减去贷款限额部分将按年金形式发放给申请人。尚未还清贷款的住房，可利用住宅年金贷款将房屋欠款还清，剩余部分以年金形式领取。

以价值3亿韩元的住房为例，参保人自60岁开始领取年金，每月可领取68.2万韩元，房屋价值越高领取年金金额也越高。韩国住宅年金建立以来，参保人数持续增加，2015年达到2.91万人，同比2014年增长了28.6%，参保人平均年龄为72岁。韩国住宅年金与基础年金可同时领取，每月领取的住宅年金在基础年金计算中视为负债，两者相得益彰形成双重保障①。

韩国应对人口老龄化的重要经验：

（一）调整人口政策，提高人口出生率

20世纪60年代，韩国政府实行了以"家庭计划"为主要形式的人口控制政策。进入20世纪90年代，政府认识到低生育率的负面影响，终止了控制生育政策。21世纪以来，政府开始鼓励甚至奖励生育，应对老龄化挑战。如：实行杜绝堕胎政策，为不孕不育夫妇提供支援治疗费甚至体外受精手术费；为积极生产者提供带薪休假，上调产假职工工资；为减少子女养育费对生育率的影响，减免费用、提供补贴、增设幼儿园数量；为减少房价对生育的影响，为多子女家庭提供购买或租赁住宅优先权。政府甚至委派"托儿帮手"协助新生儿家庭解决困难并提供高额奖金。

（二）发展老龄产业，促进产业转型

韩国大力发展"老龄亲和产业"，涉及护理、老年用品及器械、药品、殡葬等行业。为掌握老年人需求，促进服务产业发展，韩国注重老

---

① 张慧智，金香丹. 韩国多支柱养老保障体系改革及启示［J］. 人口学刊，2017，39（02）：68－77.

年人生活状况调查，每年都发布专门调查报告。政府出台了《老龄亲和产业振兴法》，责成保健福利部低生育老龄社会政策局和保健产业振兴院负责推动产业发展，财政部、劳动部等多部门积极参与，形成联动。政府还投入专门经费用于高龄产业产品研发。

（三）促进老年就业，增加劳动人口数量

20世纪90年代初，韩国政府出台了《高龄者雇佣促进法》；雇佣劳动部从1992年开始选定适合高龄者的职业并向社会公布；实施了高龄人职业能力开发支援项目和就业提高能力计划，仅隶属于雇佣劳动部的产业人力公团就经营近200家机构开展高龄者培训，自费学习者可获得学费补贴金。韩国视雇佣高龄者为企业义务，为雇佣较多高龄者的企业发放补贴。为监督政策落实情况，政府要求企业每年都要提交报告，违反规定者将受到惩罚。

（四）延长退休年龄，解决老年贫困

2019年6月，由企划财政部、保健福祉部、雇佣劳动部等相关部门共同组建的国策研究机构"人口政策工作小组（Task Force，TF）"公布政府对于延长60岁退休年龄和改革工资结构的立场。韩国65岁以上人口的"相对贫困率"高达45.7%（2016年为准），在经合组织（Organization for Economic Co‑operation and Development，OECD）36个成员中处于第一名。一些韩国民众在60岁退休后，就会退出劳动力市场，要么在没有任何收入的情况下赋闲在家，要么通过小规模个体经商和打零工维持生活，很容易因为劳动收入减少而变成贫困群体的成员。延长退休年龄政策旨在帮助老年人口获得稳定的收入，并有更多时间为退休后的生活做准备。

（五）完善养老金制度，确保老有所养

20世纪60年代，韩国针对公务员、军人等特殊职业人员实施了养老金制度。此后，对教师、农民、渔民等群体也制定了养老金制度。政府、银行、生产企业、保险公司、证券公司和个人等都积极参与养老金制度建设。政府先后推行了国民养老金计划、退休金计划、住宅养老方案、私人养老金计划等系列政策，构建了公私结合、较为完善的社会保障体系。

（六）依托专门法规和机构，从事老年人事务工作

韩国政府制定了包括《老年人福利法》《老年人长期疗养保险法》《低生率老龄社会基本法》等系列法规，确保老年工作有法可依。2005年，韩国政府成立了由总统任委员长，多个中央部门长官参加的低出生率及老龄化社会委员会，设立老龄社会和人口政策办公室。同时，针对不同需求设立相应机构。比如：在就业方面，设有高龄人员人才银行、老年人俱乐部、老年人就业支援中心等机构；在文化活动方面，设立敬老堂、老年人福利馆、老年人教室等机构。

（七）加强体验教育，增强社会理解和包容

韩国一些学校开设了生活实践课程，让学生卧床体验老年人生活，学习照料老人。体验课程引入 3D 等高新技术，年轻人可直观感受视力衰退、手脚迟缓、触觉不灵敏等老年人状态。政府开设了专门培训，对象涉及医护人员、家庭护理员、赡养和福利工作者、社会工作者、志愿者、建筑设计师、老年人政策制定者等。首尔市设有老年人模拟体验中心，民众穿戴身体束缚物模拟老人走路、吃饭等生活场景及腰酸背痛感觉，让民众了解老年生活，弘扬敬老传统和孝道精神①。

下图为全球经济指标平台展示的 2012 年—2022 年韩国退休年龄（分男性、女性）以及劳动力相关指标内容：

---

① 王阳. 中韩积极应对人口老龄化的比较研究［J］. 上海城市管理，2019，28（04）：79 – 85.

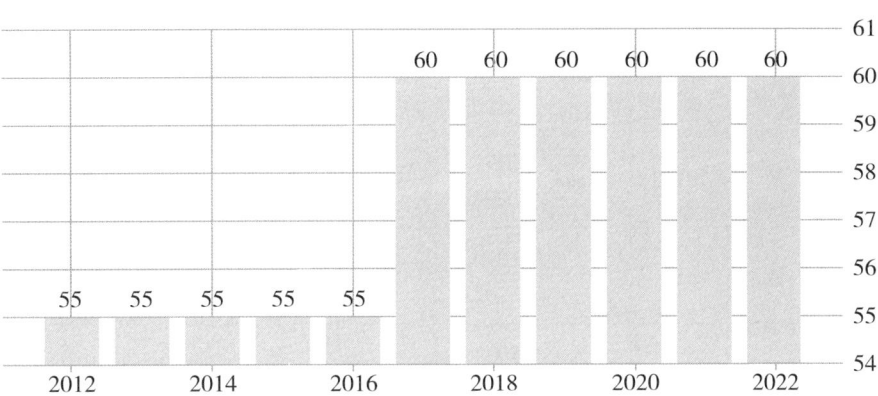

男性退休年龄 Retirement Age Men

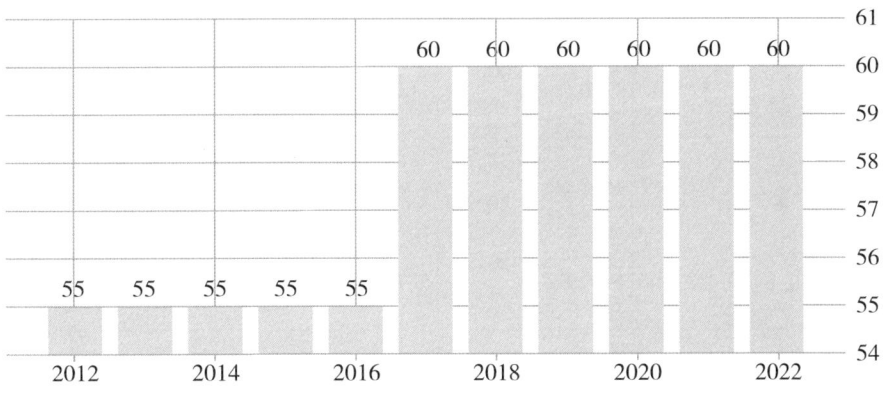

女性退休年龄 Retirement Age Women

图 14 2012 年—2022 年韩国退休年龄（男性、女性）

表 18 韩国劳动力相关指标统计①

韩国劳动力	最新数据	前次数据	历史日期	历史最高值	历史最低值	单位	统计截点
失业率	2.8	2.5	1999 – 2022	7.1	2.5	%	2022 年 9 月

---

① South Korea – Economic Indicators ［EB/OL］．［2022 – 10 – 14］．https：//tradingeconomics. com／south – korea／retirement – age – women.

续表

韩国劳动力	最新数据	前次数据	历史日期	历史最高值	历史最低值	单位	统计截点
就业人数	28172	28194	1999 - 2022	28222	20268	千	2022 年 9 月
失业人数	817	832	1999 - 2022	1546	695	千	2022 年 9 月
劳动力参与率	64.2	64.1	1982 - 2022	64.9	48.5	%	2022 年 9 月
劳动力成本	99.1	126.9	2008 - 2022	129.9	69	指数点	2022 年 6 月
生产力	123.6	126.7	2000 - 2022	126.7	53.5	点	2022 年 6 月
工资	3928819	4505228	2008 - 2022	4505228	2460239	韩元/月	2022 年 6 月
制造业工资	4220311	5232994	2008 - 2022	5232994	2520139	韩元/月	2022 年 6 月
最低工资	9160	8720	1989 - 2022	9160	600	韩元/小时	2022 年 12 月
人口	51.74	51.84	1960 - 2021	51.84	25.01	百万	2021 年 12 月
女性退休年龄	60	60	2009 - 2022	60	55	岁	2022 年 12 月
男性退休年龄	60	60	2009 - 2022	60	55	岁	2022 年 12 月
青年失业率	6.2	5.4	1982 - 2022	13.4	3.8	%	2022 年 9 月
就业率	62.8	62.9	1999 - 2022	63	56.1	%	2022 年 8 月

2019 年 5 月 26 日，韩国企划财政部表示，由企划财政部、保健福祉部、雇佣劳动部等相关部门共同组建的国策研究机构"人口政策工作小组（TF）"将在当年 6 月公布政府对于延长退休年龄和改革工资结构的立场。时任韩国副总理洪楠基 2019 年 6 月 2 日表示，为应对韩国人口结构变化，有必要讨论延长目前为 60 岁的退休年龄制度。

根据韩国政府 2022 年 7 月 28 日发布的统计数据显示，韩国人口 2021 年出现负增长，这是 72 年来的首次。韩国人口增长率在 1960 年为 3%，1970 年下降到 1.9%，此后不断下降，到 2021 年则为 - 0.2%。由于结婚人数减少和少子化，韩国劳动年龄人口数量也在下降。据韩国统计厅调查，15 岁—64 岁生产年龄人口将从 2020 年的 3738 万名减少到 2050 年的 2419 万名，减少 35.3%；25 岁—49 岁主要生产年龄人口在总人口中所占的比重，将从 2020 年的 36.8% 下降到 2050 年的 23.1%。韩国面临生产人口急剧减少的"人口悬崖"危机。为扩充经济活动人口及应对人口结构变化，韩国企划财政部在"新政府经济政策方向"中提出延长或废除退休年龄，继续雇用高龄者的议案①。

2022 年 12 月 28 日，韩国低生育与老龄社会委员会发布了"人口结构变化应对方案"，指出将制定"韩国型继续就业制度"，使 60 岁以上人群可以通过取消或延期退休、返聘等方式继续工作，并考虑向 65 岁以上的新就业人群支付失业补贴。

八、新加坡退休制度

新加坡居民的预期寿命比日本还长。新加坡卫生部在一份报告中称，1990 年至 2017 年，新加坡人预期寿命延长了 8.7 岁，达 84.8 岁，居全

---

① 新浪财经. 韩国面临"人口悬崖"危机，延长或废除退休年龄成焦点［EB/OL］.（2022 - 06 - 22）［2022 - 10 - 18］. http：//finance. sina. com. cn/money/forex/datafx/2022 - 06 - 22/doc - imizirau9969577. shtml.

球第一。

然而同时，新加坡整体人口老龄化程度不断加深，该国《2018 年人口简报》称，截至 2018 年 6 月，新加坡总人口近 564 万人，2018 年 65 岁及以上年长者比例从上一年的 14.4% 增至 15.2%。

1999 年，新加坡政府将退休年龄从 60 岁提高至 62 岁。2012 年，实行了《退休与重新雇佣法令》，规定凡是年满 62 岁法定退休年龄的员工，只要健康状况和工作表现良好，雇主都有法律义务为他们提供重新受雇的选择，直到他们 65 岁。2017 年，将重新受雇年龄顶限从 65 岁提高到 67 岁①。为解决社会老龄化带来的劳动力短缺和社会养老成本增加等问题，同时也为了充分利用人力资源，增加养老储蓄和保障，新加坡总理李显龙在 2019 年该国国庆群众大会上，宣布政府将在未来 10 年内，将国民退休年龄和重新雇佣年龄分别延长 3 年。从 2022 年 7 月 1 日起，退休年龄从 62 岁上调到 63 岁，重新雇佣年龄从 67 岁上调到 68 岁，让年长人士有继续工作的灵活性。计划到 2030 年，退休年龄逐步延长至 65 岁，重新雇佣年龄逐步延长至 70 岁。

说到新加坡的养老，不得不提及该国的公积金制度。1955 年当新加坡还是英国殖民地时，即创办了公积金制度。20 世纪 50 年代上半期，新加坡人民生活艰苦，老年人生活没有保障，生活来源极不稳定。为解决这些困难，同时也因为英国殖民政府不愿为养老负担财政开支，新加坡即选择了这种完全由雇主和雇员承担、政府无须负担的中央公积金制度，也就是强制储蓄型社会保障制度。1955 年 7 月，中央公积金制度通过立法在新加坡正式实施②。

新加坡的中央公积金制度 CPF（Central Providen Fund）由国会立法，

---

① 新加坡眼. 新加坡又调高退休年龄，真要工作到天荒地老了 [EB/OL]. (2019 - 04 - 26) [2021 - 09 - 09]. https://www.yan.sg/gongzoudadilaole/.

② 樊天霞，徐鼎亚. 美国、瑞典、新加坡养老保障制度比较及对我国的启示 [J]. 上海大学学报（社会科学版），2004（03）：84 - 89.

强制雇主和雇员按雇员薪金的一定比例缴纳退休养老储蓄金。作为政府法定机构的中央公积金局负责公积金的管理。早期的中央公积金制度并不是一种社会保障制度，而只是一种通过强制性储蓄来实行的职工退休养老的自我保障制度。这是一个以居民个人收入为基础的强制性储蓄体系，而新加坡公民和永久性居民只要是受雇就业，都需要缴纳公积金。56 岁以上员工公积金缴费率递减，目的是鼓励雇主雇佣年纪大的员工，帮助年长者继续就业。目前，每个在职的新加坡公民或者永久性居民，在 55 岁之前都拥有三个公积金账户：用于购买住房的普通账户（OA），为老年生活储备现金的特别账户（SA），以及用于支付医疗费用的保健储蓄账户（MA）；年满 55 岁时，会自动生成第四个账户：退休账户（RA），此账户的存款由 OA 账户和 SA 账户中的存款转入构成，金额以全额退休金（FRS）数额为上限，成为退休金。

需要重点说明的是，自雇人士（新加坡劳动队伍中 8%—10% 是自雇者）年收入超过 6000 新元的，需填补公积金中的保健储蓄账户。除保健储蓄账户外，可自愿按比例缴纳另外两个账户（普通账户、特别账户）内的公积金。近年来，新加坡政府针对 55 岁至 70 岁的公积金存款较低的自雇公民推出了"退休户头配对填补计划"，以帮助他们积累更多公积金。

新加坡的中央公积金制度属于雇员和雇主均摊费用的储蓄基金式自我保障模式，政府几乎不承担补贴责任。其实，给予每个公积金账户远高于市场的年利息，是为了使退休金因复利效应而快速积累，不能不说是政府给予国民的关照。而且，这套思路和做法在可持续性方面广受赞誉。

除了公积金提供的退休和医药保障外，新加坡政府在住房、公共设施、公共交通、社区服务、心理咨询、老年健身娱乐、老年学苑、技能培训、年长者就业奖励补助、小区管理费、住家水电费回扣、老人护养院、就医、托老往返接送、长期护理、残障贫困援助等方面都有政策安排。例如在住房政策方面，有以下几种：

（一）多代同购优先计划

已婚子女和父母一同选购新建的组屋（新加坡建屋发展局 – HDB –设计建造的国民公寓），可共同享有优先权。

（二）近居购屋津贴

在二手市场购买与父母或子女住所相隔 4 公里范围内的组屋，可获得 3 万新元的补助金。一对年轻夫妇在公开市场上购买靠近父母家的组屋，加上额外安居津贴（最高 8 万新元）和公积金购屋津贴（最高 5 万新元），最高可享 16 万新元的政府购房补助。

（三）小户型乐龄公寓灵活屋契计划

55 岁以上公民可购买价格廉宜、养老设施齐全、屋契从 15 年至 45年不等的小户型乐龄公寓（建屋局兴建的"组屋"屋契通常是 99 年）。

（四）乐龄家居改善计划

所谓的"乐龄"，其实是新加坡对于 60 岁以上老年人的另一种称呼。65 岁以上的公民，家中安装扶手、铺设防滑地砖、门口进行无障碍改造等，可享有津贴。

（五）屋契回购计划

65 岁以上、家庭月收入低于 12000 新元的公民，可选择继续住在现有"组屋"至终老，但须将部分剩余年限的屋契卖回给建屋发展局套现。如果把套现的资金放入公积金的退休户头里至少要 6 万新元，政府将根据房屋类型，奖励 7500 至 30000 新元存入套现者的退休户头内。

（六）乐龄安居花红

55 岁以上、家庭月入不超过 12000 新元的公民，当子女长大离家不再需要面积大的住宅时，如果选择卖掉较大的组屋而换买 3 房式或更小型组屋，若把换屋差价所得的至少 6 万新元放入公积金的退休户头，政府将奖励 3 万新元存入换屋者的退休金户头内。

（七）租赁组屋

政府在各个住宅区兴建或改建一些小型组屋，以象征性价格出租给低收入老弱、残障、孤寡、单亲、暂时没有住屋的已婚夫妇等有需求人士。这是新加坡"居者有其屋"国策的一项补充方案①。

下图为全球经济指标平台展示的 2012 年—2022 年新加坡退休年龄（分男性、女性）以及劳动力相关指标内容：

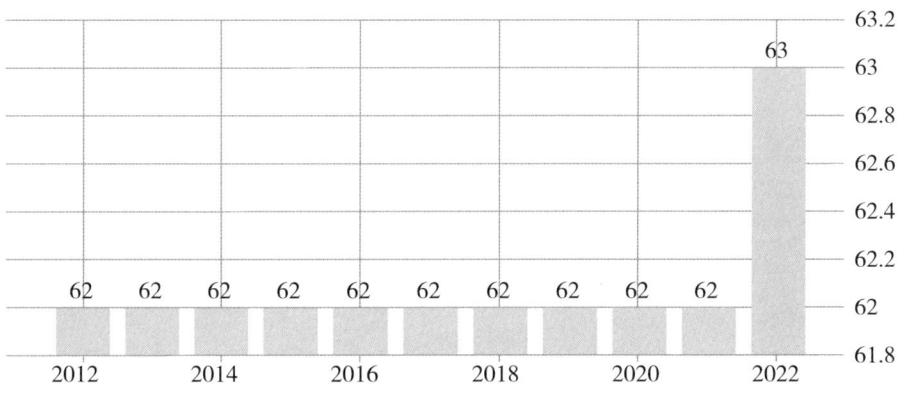

男性退休年龄 Retirement Age Men

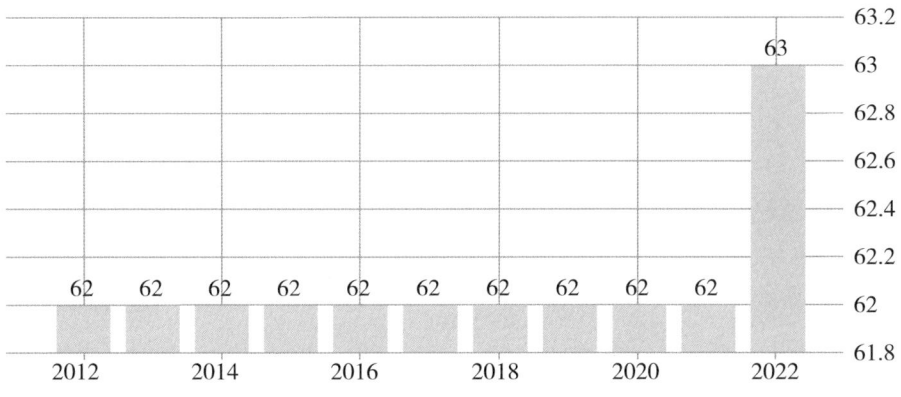

女性退休年龄 Retirement Age Women

图 15　2012 年—2022 年新加坡退休年龄（男性、女性）

---

① 李珊，陈连冬. 浅谈新加坡的退休养老基本政策与养老现状［J］. 养生大世界，2020（5）：43 － 46.

表 19　新加坡劳动力相关指标统计①

新加坡劳动力	最新数据	前次数据	历史日期	历史最高值	历史最低值	单位	统计截点
失业率	2.1	2.2	1986 – 2022	6	1.4	%	2022 年 6 月
就业人数	3643	3597.7	1994 – 2021	3778	1714.2	千	2021 年 12 月
失业人数	124.1	139.9	1967 – 2021	139.9	25.8	千	2021 年 12 月
平均周学时	44.2	44	2007 – 2021	46.3	44	小时	2021 年 12 月
劳动力参与率	70.5	68.1	1970 – 2022	70.5	55.3	%	2022 年 6 月
劳动力成本	98.5	107.7	1980 – 2022	111.1	51.7	指数点	2022 年 6 月
职位空缺	126600	123100	1990 – 2022	126600	12000	个	2022 年 6 月
工资	5847	6641	1989 – 2022	6641	1302	新元/月	2022 年 6 月
人口	5.45	5.68	1960 – 2021	5.7	1.65	百万	2021 年 12 月
女性退休年龄	63	62	2012 – 2022	62	62	岁	2022 年 12 月
男性退休年龄	63	62	2012 – 2022	63	62	岁	2022 年 12 月
就业人数变化	64.4	41.1	1994 – 2022	73.2	– 121.8	千	2022 年 6 月

---

① Singapore – Economic Indicators [EB/OL]. [2022 – 10 – 19]. https：//tradingeconomics. com/singapore/indicators.

自 2022 年 1 月 1 日起，新加坡 55 岁—70 岁的雇员公积金缴存率最高可提高 2%，此举主要是帮助临近退休以及已经办理退休的雇员提高退休保障。55 岁至 60 岁和 60 岁至 65 岁的雇员，他们的缴存率增加了工资的 2%，分别调整至 28% 和 18.5%，其中雇主和雇员双方各增加了 1%；65 岁至 70 岁以上的雇员，缴存率提高了工资的 1.5% 至 14%，其中雇主方面增加了 0.5%，雇员方面增加了 1%[①]。

九、澳大利亚退休制度

澳大利亚的退休金计划起源于 19 世纪中期，当时政府机构、大型企业等单位开始为资深的雇员支付退休金。实际上，各州政府直到 20 世纪初才相继落实退休金制度。但直到 1985 年，适用于绝大多数雇员的"退休统筹管理"制度——退休金计划终于正式实施。1992 年通过的《退休金保证法》，政府立法强制雇主都须为雇员缴纳 3% 的退休保证金，并逐年调高保证金的缴纳幅度，从而大幅减轻政府的财政负担，而劳动者可选择一次性领取雇主为其缴纳的退休金，也可分期慢慢领取在其退休金账户中的退休基金。

依据 2012 年修订的《退休金保证法》的规定，雇员一旦受雇须参加退休基金的缴纳，同时，雇主必须为雇员缴纳退休金。若属于自谋职业的，则可以决定自己是否要参加基金并缴纳；若目前没有受雇，或从未受雇，仍可以在 65 岁前参加基金缴纳[②]。

2014 年，澳大利亚联邦政策预算案首次提出澳大利亚居民延迟退休方案；2017 年 5 月，联邦政府确认继续推行。据悉，这一方案可为政府节省 36 亿澳元经费。时任澳大利亚社会服务部部长波特表示，澳大利亚

---

① 新加坡万事通. 一文读懂新加坡公积金 6 大变化，巧妙利用公积金完善退休计划！［EB/OL］.（2022－04－13）［2022－10－19］. https：//www. 163. com/dy/article/H4S7Q8SJ0524A4QN. html.

② 游志斌. 澳大利亚的"退休统筹管理"制度［J］. 决策探索（下半月），2014（04）：82－83.

居民退休延迟属于必要手段，旨在维护养老系统的"可持续性"。

澳大利亚的老年人生活是非常惬意潇洒的，他们和成年儿女分开居住，完全是为自己而活，将自己的生活安排得满满当当，不用担心生活过不下去，因为丰厚的养老金是他们的保障。澳大利亚养老金制度是典型的"三支柱模式"：

第一支柱是基本养老金（Age Pension），也被叫作"有限福利"制度或者"最低生活保障福利安全网"。基本养老金的核心理念是老年人在退休后仍有能力支付日常生活费用，也就是提供最基本的老年生活保障，并非维持就业时家庭所享受的生活水准。因此，基本养老金无法满足未来退休人员不断提升的生活品质需求。

第二支柱，即"超年金保证"制度（Super Annuation）是规定雇主必须缴纳的部分：只要公司员工年满 18 岁，税前月收入达到 450 澳元，雇主就需要为员工缴纳不低于税前工资 9.5％ 的税金，而员工也可以自愿从收入中拿出一笔额外金存入。

第三支柱是公民个人自愿缴纳的部分（Personal Contribution）：澳大利亚政府出台了相关的鼓励政策，纳税人缴纳的养老金越多，将来用以养老的金额就越高，根据数据显示澳大利亚每年自愿缴纳的税金越来越多，可以预见澳大利亚的安逸生活。

根据 2017 年澳大利亚联邦政府财政预算案，从 2017 年 7 月 1 日起，澳大利亚居民养老金领取年龄将逐渐延后，即 1952 年 7 月 1 日当天或以后出生的居民必须年满 65 岁零 6 个月才符合领取资格；2017 年 7 月至 2023 年 7 月，澳大利亚居民退休年龄每两年延迟半岁；2025 年至 2029 年，澳大利亚居民退休年龄每年延迟半岁，直至达到 70 岁。2018 年，时任总理莫理森宣布废除延长退休年龄至 70 岁的计划，决定不将此年龄标准提高至超过 67 岁。2022 年年底澳大利亚退休年龄为 66.5 岁。从 2023 年 7 月开始，会由目前的 66.5 岁提高至 67 岁。

下图为全球经济指标平台展示的 2012 年—2022 年澳大利亚退休年龄

（分男性、女性）以及劳动力相关指标内容：

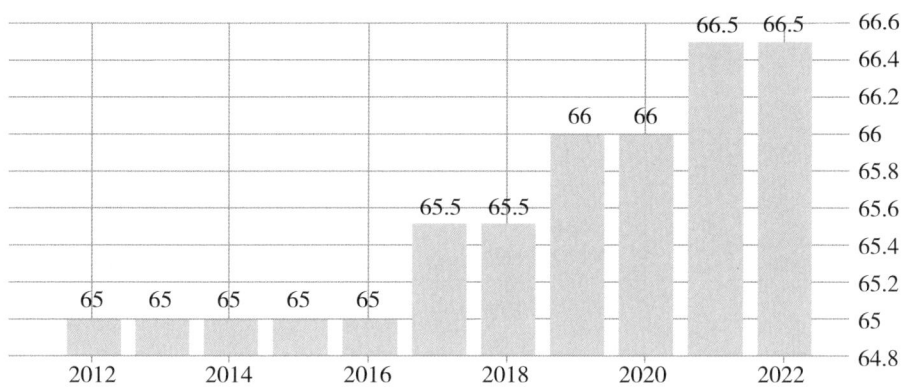

男性退休年龄 Retirement Age Men

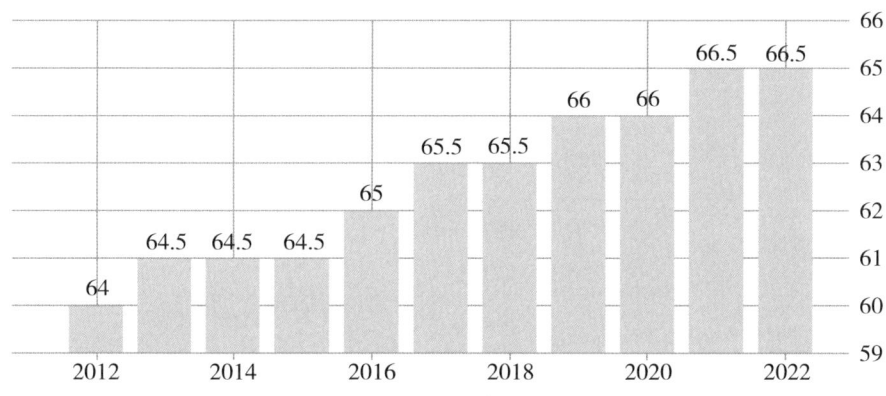

女性退休年龄 Retirement Age Women

图 16 2012 年—2022 年澳大利亚退休年龄（男性、女性）

表 20 澳大利亚劳动力相关指标统计①

澳大利亚 劳动力	最新 数据	前次 数据	历史 日期	历史 最高值	历史 最低值	单位	统计截点
失业率	3.5	3.4	1978 – 2022	11.2	3.4	%	2022 年 8 月

---

① Australia – Economic Indicators ［EB/OL］. ［2022 – 10 – 19］. https：//tradingeconomics.com/australia/indicators.

续表

澳大利亚劳动力	最新数据	前次数据	历史日期	历史最高值	历史最低值	单位	统计截点
就业人数	13592.09	13558.36	1978－2022	13599.31	5997.66	千	2022年8月
失业人数	487.68	473.65	1978－2022	1007.9	364.69	千	2022年8月
兼职就业	－25300	46000	1978－2022	251833	－366403	人	2022年8月
全职工作	58800	－86900	1978－2022	128300	－225366	人	2022年8月
就业人数变化	33500	－41000	1978－2022	366100	－591769	人	2022年8月
劳动力参与率	66.6	66.4	1978－2022	66.8	60.1	%	2022年8月
青年失业率	8.43	7.03	1978－2022	20.1	7.03	%	2022年8月
劳动力成本	107.6	105.9	1985－2022	107.6	42.1	指数点	2022年6月
生产率	102.3	104.9	1978－2022	104.9	55.3	点	2022年6月
职位空缺	470.9	480.1	1979－2022	480.1	26.8	千	2022年9月
工资	1344.7	1328.9	1969－2022	1344.7	59.1	澳元/周	2022年6月
工资增长	2.6	2.4	1998－2022	4.3	1.4	%	2022年6月
最低工资	812.5	772.6	2007－2022	812.5	522.12	澳元/周	2022年7月

澳大利亚劳动力	最新数据	前次数据	历史日期	历史最高值	历史最低值	单位	统计截点
人口	25.77	25.68	1960 – 2021	25.77	10.39	百万	2021 年 12 月
女性退休年龄	66.5	65.5	2009 – 2022	66.5	62	岁	2022 年 12 月
男性退休年龄	66.5	65.5	2009 – 2022	66.5	65	岁	2022 年 12 月
就业率	64.28	64.17	1978 – 2022	64.42	54	%	2022 年 8 月

第五章　退休制度热点话题

从我国 70 多年事业单位工作人员退休养老制度的变迁中可以发现：

（1）退休养老是社会保障中最重要、关系利益群体最大的制度安排之一。中华人民共和国成立初期，国家首先通过劳动保险从无到有地解决了企业职工的老年保障问题，而后才统一建立机关事业单位退休制度。而在"文革"结束后百废待兴之际，国家发布的有关社会保障的第一个重要文件就是退休退职的两个暂行办法，足见党和政府视其之重。

（2）统一机关和企事业单位职工退休养老制度的探索始终在进行，1958 年全国人大批准的两个《暂行规定》和 1978 年国发〔1978〕104 号都是典型例证，2008 年 5 省市试点是再一次尝试，直到 2014 年提出建立全国统一的城乡居民基本养老保险制度，养老保险"双轨制"开始破冰①。

我国以前及现行的退休制度维护了社会稳定，促进了社会主义建设事业顺利发展，解决了退休人员的生活问题，是不可缺少的一种制度②。但是，在我国事业单位退休制度的开展过程中，虽然不断进行改革，完善了很多次，但依然有些话题一直在热烈探讨过程中，现选取 4 个公众热切关注的话题来探讨。

---

① 古钺. 机关事业单位退休保障制度的四季变迁——新中国社会保险史话之三 [J]. 中国社会保障，2019（03）：12 – 13.

② 张志新. 建国以来我国事业单位退休制度研究 [D]. 山西：山西大学，2012. 硕士论文.

一、提前退休

职工旧时指工人，根据《中华人民共和国工会法》是指在中国境内的企事业单位、机关中以工资收入为主要生活来源的体力劳动者和脑力劳动者，不分民族、种族、性别、职业、宗教信仰、教育程度。提前退休是指职工未达到退休年龄，由于某种原因不能继续工作，经单位批准提前脱离工作岗位回家休养的行为。

我国对职工的提前退休有具体的法律规定，1978 年 5 月第五届全国人民代表大会常务委员会第二次会议原则批准《国务院关于工人退休、退职的暂行办法》，其中第一条规定：全民所有制企业、事业单位和党政机关、群众团体的工人，符合下列条件之一的，应该退休：①男年满六十周岁，女年满五十周岁，连续工龄满十年的。②从事井下、高空、高温、特别繁重体力劳动或者其他有害身体健康的工作，男年满五十五周岁、女年满四十五周岁，连续工龄满十年的。本项规定也适用于工作条件与工人相同的基层干部。③男年满五十周岁，女年满四十五周岁，连续工龄满十年，由医院证明，并经劳动鉴定委员会确认，完全丧失劳动能力的。④因工致残，由医院证明，并经劳动鉴定委员会确定，完全丧失劳动能力的。

1978 年以来，国家劳动总局（1982 年并入劳动人事部）根据《国务院关于工人退休、退职的暂行办法》（国发〔1978〕104 号）的要求，负责全国提前退休工种的审批工作。1985 年，劳动人事部（1988 年撤销劳动人事部，组建劳动部）发出《关于改由各主管部门审批提前退休工种的通知》（劳人护〔1985〕6 号），将提前退休工种改由国务院各有关主管部门审批，送劳动人事部备案。1993 年，劳动部（1998 年撤销劳动部，组建劳动和社会保障部）下发《关于加强提前退休工种审批工作的通知》（劳部发〔1993〕120 号），规定自 1993 年 7 月 3 日起，国务院各有关主管部门停止审批新的提前退休工种。提前退休工种由国务院主管部门审核后，报劳动部审批。劳动部将根据实际情况对各有关部门已审批的提前退休工种进行清理和调整。

1999 年，劳动和社会保障部（2008 年撤销）发出《关于制止和纠正违反国家规定办理企业职工提前退休有关问题的通知》（劳社部发〔1999〕8号），明确要严格执行国家关于退休年龄的规定，并将办理提前退休的范围仅限定为：

（1）国务院确定的 111 个"优化资本结构"试点城市的国有破产工业企业中距法定退休年龄不足 5 年的职工；三年内有压锭任务的国有纺织企业中，符合规定的纺纱、织布工种的挡车工。但此项规定与前款规定不能同时用于同一名职工。劳动保障部门要加强对特殊工种的管理和审批工作。设有特殊工种的企业，每年要向地市级劳动保障部门报送特殊工种名录、实际用工人数及在特殊工种岗位工作的人员名册及其从事特殊工种的时间。

（2）按特殊工种退休条件办理退休的职工，从事高空和特别繁重体力劳动的必须在该工种岗位上工作累计满 10 年，从事井下和高温工作的必须在该工种岗位上工作累计满 9 年，从事其他有害身体健康工作的必须在该工种岗位上工作累计满 8 年。按照国家有关规定，严格核定提前退休人员的待遇。原劳动部和有关行业主管部门批准的特殊工种，随着科技进步和劳动条件的改善，需要进行清理和调整。新的特殊工种名录由劳动保障部会同有关部门清理审定后予以公布，公布之前暂按原特殊工种名录执行。

（3）对于因病或非因工致残退休和按 111 个"优化资本结构"试点城市的国有破产工业企业的有关规定提前退休的人员，其养老金按《国务院关于建立统一的企业职工基本养老保险制度的决定》（国发〔1997〕26 号）规定的办法计发，按新办法计发的养老金低于老办法的部分不予弥补。对于按纺织企业提前退休规定办理退休的人员，要按照劳动保障部、国家经贸委《关于切实做好纺织行业压锭减员分流安置工作的补充通知》（劳社部发〔1998〕16号）的规定减发养老金。

1993年发布的《国家公务员暂行条例》第七十九条规定：国家公务员符合下列条件之一的，本人提出要求，经任免机关批准，可以提前退休：①男年满五十五周岁，女年满五十周岁，且工作年限满二十年的；②工作年限满三十年的。

事业单位在编人员，即便工作满30年也不能提前退休，只有满足其他提前退休条件才可以办理提前退休。

实际上在现实生活中有一些个人或企业会为了自身利益通过提前退休政策来办理提前退休，主要有以下几个方面的原因：

（1）个人方面的原因。个人出于自身利益的考虑，与其在效益不佳的企业被拖欠工资，还不如投靠社会保险这棵大树旱涝保收。如果自己有一技之长，退休后有了稳定的养老金收入，再被其他企业所聘用，又增加一份收入。

（2）企业受经济利益驱动所致。一些企业特别是一些国有大中型企业，人员负担沉重，千方百计地钻提前退休的空子。为个人办理提前退休后，既减少了工资开支，又减少了保险福利费用，减员就成为这些企业增效的重要手段之一。

（3）地方政府的助长行为。一些地方政府出于地方经济发展和地方稳定的局部利益考虑，遇到过不了的坎时，就会给劳动保障部门施压，要求批退，再加上现行政策缺乏有效的对地方政府责任的约束，助长了提前退休。

（4）现行政策不够完善。尽管国家对此三令五申，劳动保障部也多次对各部门"提前退休工种"进行清理调整，但迄今为止尚未有一部全国统一的、具有权威性的相关具体政策或规定，而现行的政策都不够严密、操作性都不强，致使劳动保障部门执行起来困难重重。

由于制度不够严密、管理不够规范，同时由于一些人和单位大局意识不强，致使一些企业纷纷为职工办理提前退休，给社会发展及养老保险改革带来严重冲击，其影响主要表现为：

（1）加剧了社会保险基金的收支矛盾。一方面，提前退休使大批劳动者退出生产领域，直接减少了在职职工人数，减少了作为缴纳社会保险基金基数的职工工资总额，直接缩小了社会保险的收入规模；另一方面，大批劳动者提前退休，对养老金的需求直线上升，直接导致养老保险基金支出规模扩大，使我国起步晚、积累少的养老保险基金更加捉襟见肘，这也是近年来各地养老保险基金收支缺口日益加大的主要原因之一。

（2）对就业造成巨大冲击。提前退休人员大多有技术、有经验，年龄在50岁左右甚至更年轻，正是发挥作用的黄金时期。这些人较早地退出生产领域，是极大的人力资源浪费，甚至是人才流失。加之一些提前退休人员进入新的工作岗位后，用人单位无须为其缴纳社会保险统筹基金中企业缴费部分，有使用成本低廉之优势，使得这部分人员在就业竞争中占据有利条件，易于实现二次就业，这就必然会加剧正常就业年龄段求职者的就业难度，使各地就业形势更加严峻。

（3）影响社会经济的发展。有丰富经验和较高技术业务水平的人员提前退休，不仅减少了社会财富的来源，而且对社会经济的长远发展带来严重的负面影响。这是因为提前退休虽减轻了部分单位的负担，但就整个社会来说，造成了劳动力成本的转移，社会总体消费资金并未减少甚至增加，加大了对社会再生产的需求，增大了国家宏观调控的难度。再加上职工提前退休多为企业面临困境、效益下滑时期，这一时期也是企业最需要帮助和支持的时期，职工非但不出策出力相助，反而采取提前退休之策，不仅是对单位不负责任的表现，而且会对企业经济长远发展严重不利、影响至深。

（4）影响企业和社会稳定。职工提前退休，除了直接增加社会负担外，势必缩短其缴费年限，减少其社会保险个人账户的储存额度，其享受待遇水平必然低于正常退休人员，不仅会直接影响提前退休者的生活保障水平，而且人为地造成社会不公平。另外，他们中相当一部分人实现二次就业也会造成不同社会群体之间的矛盾，凡此种种都为企业和社会的稳定埋下隐患[①]。

二、延迟退休

在人口老龄化日益严重的情况下，退休制度的改革也就成为全世界每个国家都要面对的抉择。然而，提高退休年龄的举措并不是一开始就被各国采用的，而是随着经济的发展、就业压力增大或严重的失业问题，各国才逐渐采取了提高退休年龄这一措施。目前，延迟退休是各国应对人口老龄化的普遍做法。

延迟退休是我国当前最受关注并引发讨论的公共政策之一。在老龄化形势的倒逼之下，延迟退休已经成为应对人口老龄化冲击、缓解劳动力供给短缺和遏制人口抚养比（又称抚养系数，是指在人口当中，非劳动年龄人口对劳动年龄人口数之比。抚养比越大，表明劳动力人均承担的抚养人数就越多，劳动力的抚养负担就越严重。）快速上升的必然选择。2005 年，当时的劳动和社会保障部就进行过此类研究。

2013 年 11 月党的十八届三中全会作出的《中共中央关于全面深化改革若干重大问题的决定》中第一次提出，"推进机关事业单位养老保险制度改革"、要"研究制定渐进式延迟退休年龄政策"。所谓"渐进式"，一是要提前若干年预告，让公众特别是相关群体有必要的准备期；二是要分步走，比如先从退休年龄最低的群体开始，从人力资源替代弹性系数低的群体开始，逐步扩展到各类群体；三是要迈小步，比如每年只延

---

① 郭福栓 . 我国提前退休政策状况分析及建议［J］. 财会研究，2009（09）：71 - 73.

迟几个月；四是要多措并举，通过调整产业结构，开发更多适合中老年人且不与青年人争夺工作机会的岗位，以最大限度降低对相关群体的不利影响。

延迟退休年龄政策的提出有多方面的考虑：

其一，适应人口预期寿命增长的需要。我国的人口预期寿命在显著增长，1949 年新中国成立初期约为 42 岁，1957 年达到 55 岁，2021 年提高至 78.2 岁。1951 年政务院颁布的《劳动保险条例》规定，男职工退休年龄 60 周岁，女职工退休年龄 50 周岁。1955 年，女干部的退休年龄提高到 55 岁，这一法定退休年龄沿用至今。人口预期寿命变化，需要通过改革退休年龄来适应这种变化。

其二，延迟退休年龄是应对人口老龄化的必然选择。受人口老龄化影响，平均每个劳动年龄人口所供养的老年人在不断增加，必然要求劳动年龄人口延长劳动年限。目前我国已经进入人口老龄化快速发展期，老年人口的数量将以年均 800 万以上的规模激增。延迟退休年龄，客观上有助于缓解老龄化带来的社会抚养压力。

其三，延迟退休是开发人力资源特别是老年人力资源的重要途径。目前我国的劳动条件已经比改革开放之前大大改善，平均劳动强度比以前大大降低，在许多专业技术岗位，五六十岁的人员正处于经验丰富、技艺纯熟的阶段，这部分人过早退休，是对人力资本的巨大浪费。虽然我国也存在就业压力，但是局部的劳动力不足已经在一定程度上显现。

延迟退休的提出引起了全社会普遍关注，主要有以下几点：

（1）延迟退休是为了弥补养老金不足吗？——养老金当期发放没问题，养老金收支状况不是延迟退休的先决条件。

（2）延迟退休会不会影响就业？——延迟退休会对就业产生一定挤出效应，对低收入者、大龄劳动者的冲击更大。

（3）延迟退休，为何分歧大？——一线工人多持反对意见，部分下岗工人等退休已等了十多年，差别退休易引发"不公平"的争议。

（4）延迟退休是否箭在弦上？——对退休政策研究不代表会立即调整，人力资源和社会保障部未要求研究机构限期出具调整方案。

第七次全国人口普查数据显示，2020 年，中国大陆地区 60 岁及以上的老年人口总量为 2.64 亿，已占到总人口的 18.7%。国家统计局数据显示，截至 2022 年年底，我国 60 岁及以上人口为 2.8 亿人，占总人口的 19.8%；65 岁及以上人口为 2.0978 亿人，占总人口的 14.9%。从 2010 年"六人普"到 2020 年"七人普"的 10 年间，60 岁及以上老年人口的增量明显高于前一个 10 年。另据中国人口与发展研究中心最新的预测，我国 60 岁及以上老人，2025 年将达到 3.21 亿人，2032 年或突破 4 亿人。65 岁及以上老人，2025 年将达到 2.21 亿人，2033 年将突破 3 亿人。60 岁—64 岁低龄老人，2020 年为 0.68 亿，2026 年将突破 1 亿，2035 年将达到 1.06 亿，这意味着中国将从轻度老龄化阶段进入中度老龄化阶段。

1990 年人事部《关于高级专家退（离）休有关问题的通知》（人退发〔1990〕5 号）和 1992 年中组部《关于县（处）级女干部退（离）休年龄问题的通知》（组通字〔1992〕22 号）规定，在本人自愿基础上，高级职称女专家和处级及以上女干部可以与男性同龄退休。2015 年中组部和人社部《关于机关事业单位县处级女干部和具有高级职称的女性专业技术人员退休年龄问题的通知》（组通字〔2015〕4 号）规定，机关事业单位县处级女干部和具有高级职称的女性专业技术人员，年满 60 岁退休，如本人申请，可以在 55 岁时自愿退休。

除去应对老龄化，延迟退休的另外一个原因是我国的劳动力数量急剧减少。国家统计局发布，自 2010 年第六次全国人口普查以来，我国人口出现了重要转折性变化，人口总规模增长放缓，劳动年龄人口下降，老龄化程度不断加深。第七次全国人口普查数据显示，2020 年我国 16—59 岁劳动年龄人口为 8.8 亿，较 2010 年第六次全国人口普查相比，减少了 4000 多万人。我国劳动年龄人口占总人口比例也有所下降。截至 2021 年年末，全国就业人数为 74652 万人，比上年 75064 万人减少 412 万人，全国就业人数略有下降，这主要是受人口老龄化程度不断加深影响。如果没有及时必要的政策干预，劳动力供给严重不足趋势将持续发展。

此外，延迟退休的第三个原因，是社保基金面临巨大压力。2014 年以来，受多重因素影响，养老金支出大于基金征缴收入的省份有所增加，主要原因是养老金待遇水平连续上调导致基金支出增加；人口老龄化效应逐步显现，参保人员中退休人数增速高于缴费人数；部分地区抚养比较高，负担较重[1]。

鉴于这些压力和严峻的形势，2016 年 3 月发布的"中华人民共和国国民经济和社会发展第十三个五年规划纲要"第六十五章第一节中明确提出："综合应对劳动年龄人口下降，实施渐进式延迟退休年龄政策。"虽然最终的方案在"十三五"期间没有如约而至，但有些报道中提到："相关部门当时确实制定出了一套较为成型的方案，即大约每三年提高一岁。该方案的基本原则是：小步慢走，逐步延长退休年龄，同时在延长退休年龄之前建立缓冲的机制，尽量减少退休政策调整带来的影响。"[2]

联合国将 65 周岁及以上老年人口占比超过 7%，或 60 周岁及以上人口占比超过 10% 作为进入老龄化社会的标准，2000 年这两个指标在我国同时都"达标"了，预示着我国在 2000 年进入了老龄化社会，至今已超过 20 年。

根据国际货币基金组织 IMF 发布的 2022 年世界各国 GDP 总量，梳理了世界前十经济体国家 2022 年的退休年龄，可以看到延迟退休年龄是世界各国应对人口老龄化的普遍做法，世界主要经济体国家的退休年龄普

---

① 中新网. 报告建议 2018 年开始延迟退休，2045 年延迟至 65 岁 [EB/OL]. (2015 – 12 – 02) [2021 – 03 – 14]. https：//china. huanqiu. com/article/9CaKrnJRW3b？w = 280.

② 第一财经. 延迟退休或将 2021 年正式实施，渐进式、弹性退休获共识 [EB/OL]. (2020 – 11 – 27) [2021 – 03 – 02]. http：//www. 51emo. com/yaowen/20201127/112726702. html.

遍在 65 岁以上。

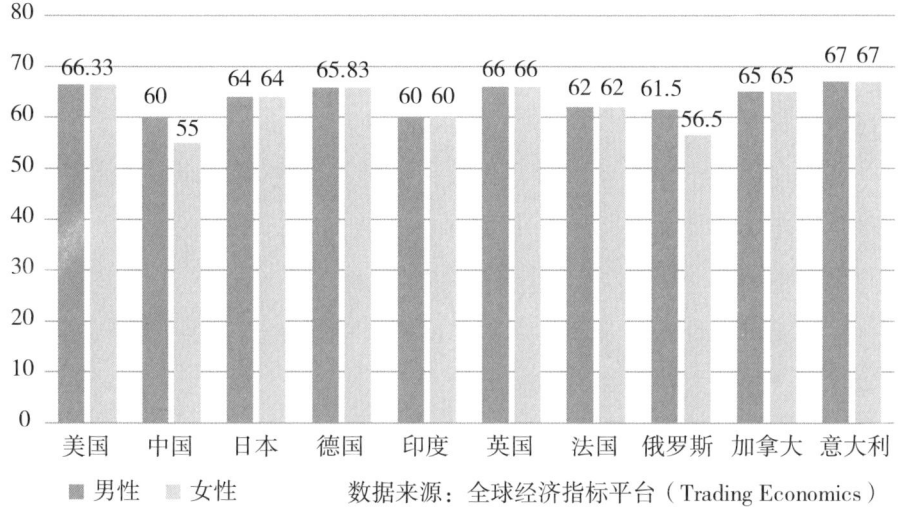

图 17　2022 年世界前十经济体国家退休年龄

从国际比较来看，我国可以说是世界上法定退休年龄最低的国家之一。我国退休年龄（女职工 50 岁，女干部 55 岁，男 60 岁）制定于 70 多年前，20 世纪 50 年代规定退休年龄时，中国人口平均预期寿命只有 40 多岁。到改革开放之初时，劳动保险法下的退休制度是 37 个人工作，一个人退休。而到了 2019 年，我国预期寿命达到 77.3 岁，养老保险的赡养比为 3∶1，但退休年龄却一直没有改变。

延迟法定退休年龄会产生两个效果，一是可以推后支付养老金，从而缓解养老金的压力；二是延长工作会增加社保基金的收入和积累。通过这样的"一进一出"，延迟退休能极大地改善养老保险基金的收支平衡①。

2020 年 6 月，由中国发展研究基金会发布的针对目前我国人口老龄化现状的报告《中国发展报告 2020：中国人口老龄化的发展趋势和政策》中有关延迟退休相关政策提出，我国的延迟退休可以分两个阶段进行。

———————

①　第一财经. 延迟退休方案已趋于成熟：养老金领取机制、退休年龄怎么改［EB/OL］.（2020-11-26）［2021-03-04］. https：//www. yicai. com/news/100854656. html.

第一阶段：2020 年到 2025 年，首先对女性的退休年龄进行延迟，女职工的退休年龄逐步提升至 55 岁，女性公务员则提升至 60 岁；第二阶段：从 2025 年起，逐步实施弹性退休年龄制度，用 5 到 10 年时间实现全国退休年龄统一提升至 65 岁。

延迟退休年龄不仅关系经济发展，更关乎公平。有时候，对某个群体的特殊照顾，比如允许其 65 岁退休，虽然可能会让这个群体满意，但也可能引起其他群体不满。这就要求政策制定者对延迟退休作通盘考虑——考虑不同群体的利益、考虑不同地区的实情、考虑未来的可持续发展，真正做到科学论证、凝聚共识。

已实施 70 多年的退休制度在 2020 年迎来力度最大的一次改革。2020 年 11 月，《中共中央关于制定国民经济和社会发展第十四个五年规划和二〇三五年远景目标的建议》提出，要"实施渐进式延迟法定退休年龄"。这样，讨论多年的延迟退休制度有了明确方向。渐进式延迟法定退休年龄是一个很大的系统性工程，是有效应对人口老龄化、充分利用人力资源、促进社会保险制度可持续发展的现实需要。

三、工龄退休

工龄在中国大百科全书数据库（第一版）中的定义是：以工资收入为其全部或主要生活来源的工人、职员工作的年限。工龄一般是确定职工工资、享受劳动保险待遇和享受某些福利待遇的一个重要根据。工龄主要分三种：（1）一般工龄，又称总工龄，指工人或职员的总的工作年限。（2）本企业工龄，在我国又称连续工龄，在苏联称不间断工龄，在日本称企业工龄，指工人或职员在某一单位（包括经组织批准的调动）连续工作的时间，是一般工龄的组成部分。（3）特定工作的工龄，指工人、职员从事某种特定工作、担任某种特定职务或在某种特定部门担任工作的年限，中国没有这种工龄的分类，而苏联在有关赡养金的立法中规定，必须是从事井下工作或教育工作等若干年的人员，才能享受某些优惠待遇①。

那么，什么是工龄退休？顾名思义，就是不管人员年龄多大，只要达到规定的工作年限（比如 30 年）就可以退休。按工龄退休的制度在我国一经提出，就得到广大基层职工的认可，因为按工龄退休对每个人来说都是比较公平的。但是，虽然按"工龄退休"很受大家欢迎，可实际执行起来还是比较困难的。究竟难在哪里？主要有三个方面：

第一，按工龄退休制度必须要在工作比较稳定的群体实行，比如公务员、机关事业单位人员、国企员工等。从事这些职业的人，一般来说只要没有发生什么严重的事情，是可以一直干到退休的。而像私企员工要想实现按工龄退休是比较难的。对于在私企工作的人来说，频繁的人事变动会导致在工龄上难以计算。此外，目前私企人员的"跳槽"是普遍现象，要让他们为一家私企坚持工作 30 年，这也是很难的，这对工龄上的计算造成了很大的困难。还有个体户或自由职业者，他们有生意的时候很忙，天天加班加点，没生意的时候过得很悠闲，这类群体的工龄也很难准确统计出来。

数据显示，截至 2021 年年底，我国灵活就业人员已达 2 亿人左右，很难准确计算其工龄。因此，按工龄退休的政策并不适用于所有职业。

第二，按工龄退休会导致人力资源的较大浪费。从当前情况看，大学毕业的年龄大概在 22 岁—24 岁，但并不是所有人都选择读大学，有不少人在 20 岁左右就进入社会工作了，如果按照工龄退休的话，这类人只需工龄满 30 年就可以申请退休领取养老金，而届时他们仅仅只有 50 岁左右。对大多数人来说，50 岁的年纪完全处于还能够继续工作的状态。

此外，对国家来说，之所以会推出延迟退休，就是为了避免劳动力资源的浪费。试想一下，如果大批刚 50 岁出头的人就申请退休，无疑是与国家推出的延迟退休政策的初衷背道而驰。

---

① 中国大百科全书（第一版）[DB/OL]．[2021-08-30]．http：//h. bkzx. cn.

第三，按工龄退休会对参加工作较晚的人造成不公。有些人因为要读硕士、博士等原因，往往要在 30 岁以后才参加工作，如果按照工龄退休就很不合理。如果按 30 年工龄来计算退休的话，很多人会在退休前即已出现工作力不从心的情况。

四、弹性退休

除了渐进式延长退休年龄之外，强调激励作用的弹性退休也进入了决策层的视野。这也就意味着，在我国已经实行了 70 多年的强制退休制度或将逐步退出历史舞台，未来政府只需要制定领取法定养老金的年龄，人们就可以根据自身的情况选择何时退休。

弹性退休是许多西方国家实行的一种退休制度。弹性退休并不是说不受年龄限制随意选择退休时间，而是在法定最低退休年龄的基础上，有选择退出或继续留在劳动力市场的弹性空间，对于提前或推迟退休有相应的选择性激励制度。弹性退休必须在一个年龄区间内才可以选择，比如可以把年龄区间定为 58 周岁—65 周岁，在这个区间可以由职工自由选择，身体条件好的可以选择 60 多岁退休，身体条件差的可以选择 58 岁退休。选择 58 岁退休，因为退休早，缴纳的养老保险少，缴纳的期限也比较短，领取的养老金也会比较少；如果选择 60 岁以后退休，甚至 65 岁退休，养老金的发放就会比较多一些。在养老金发放的制度设计上，向晚退休的人倾斜，让他们能够得到更多的养老金。

弹性退休的国家均规定了最早领取养老金年龄或最低缴费年限，例如德国法定领取养老金年龄为 65 岁，最早可 60 岁领取，但养老金将减少；美国法定领取养老金年龄为 65.8 岁，最早可 62 岁领取，提前领取者养老金按比例递减；瑞典法定退休年龄为 65 岁，最早可 61 岁退休，但领取比率从 80% 降为 55%。加拿大提前退休者，养老金每月减少 0.5%，如果提前 5 年退休，养老金将减少 30%。

表 21　部分国家弹性退休情况汇总

国家	法定缴费年限	法定退休年龄		人均预期寿命		弹性退休及领取养老金情况
		男	女	男	女	
西班牙	最低 15 年，未来将延至 25 年	66.17	66.17	80.7	85.7	允许提前退休，拿部分退休金；鼓励延迟退休。如只缴费 15 年，只能领 50% 退休金。实际退休年龄约 63 岁
美国	约为 10 年	66.33	66.33	76.3	80.7	允许弹性退休。最早可领取养老金的年龄是 62 岁，但只能领取一定比例
加拿大	10 年	65	65	80.4	84.1	允许弹性退休，可提前或延后，每早一个月养老金少领 0.5%，每迟一个月养老金多领 0.5%
德国	连续 5 年以上，在职即缴纳	65.83（2029 年延至 67）	65.83（2029 年延至 67）	78.7	84.8	允许弹性退休。最低 60 岁起领取，提前领取养老金将减少
墨西哥	1250 周（约 24 年）	65	65	73.1	78.9	满 60 岁允许提前退休，若缴费满 24 年可领全额
日本	25 年	64	64	81.5	86.9	不实行弹性退休，绝大部分企业实施固定年龄退休制度。其中，82.2% 的企业实行 60 岁退休，14% 的企业实行 65 岁以上退休
瑞典	全额领取需要满 30 年	62	62	80.8	84.0	允许弹性退休。最早可 61 岁退休，可领取的基础养老金不到原工资的 55%。实际平均约 65 岁领取

续表

国家	法定缴费年限	法定退休年龄		人均预期寿命		弹性退休及领取养老金情况
		男	女	男	女	
比利时	15 年	65	65	79.3	83.5	允许弹性退休，不同职业退休年龄不同。提前领取养老金将减少，实际均59.2 岁领取
澳大利亚	无具体要求	66.5	63	81.3	84.8	可提前退休，但只有到法定退休年龄才能领取养老金
波兰	25 年	65	60	74.5	81.9	不允许提前退休。因病无法工作可领失业救济金，但数额低于养老金
意大利	男 42 年、女 41 年	67	67	80.9	84.9	年龄加工龄满 96 年可领取。可提前退休，但拿不到全额养老金
法国	41.5 年	62	62	79.8	85.1	允许弹性退休。未达到规定年限，按比例领取养老金。67 岁可全额领取。警察等特殊职业 57 岁退休
韩国	10 年	60	60	80.3	86.1	各公司自行制定退休年龄，约 55 岁—58 岁。领取养老金年龄为 60 岁，2033 年将提高至 65 岁
印度	10 年	60	60	69.5	72.2	缴费满 15 年最早可 50 岁领取，但距法定退休年龄每早一年养老金递减 3%
巴西	男 35 年、女 30 年	65	61.5	72.4	79.4	不实行弹性退休。提前退休或缴费不到法定年限，按相应系数减少养老金

续表

国家	法定缴费年限	法定退休年龄		人均预期寿命		弹性退休及领取养老金情况
		男	女	男	女	
俄罗斯	5 年	61.5	56.5	68.2	78.0	高危行业职工等特殊人群可提前退休。工龄低于 30 年，基本养老金减 3%，超过 30 年，每超一年增 6%
中国	累计满 15 年	60	工人 50、干部 55	74.7	80.5	不实行弹性退休。领取养老金须缴费满 15 年且达到退休年龄
印度尼西亚	5 年	58	58	69.4	73.3	可提前退休。2022 年规定必须年满 56 岁才可以提取养老金

注：韩国退休年龄 60 岁为国家指导意见。

数据来源：世界卫生组织《2022 世界卫生统计报告》、全球经济指标平台、《人民日报》。

所谓弹性，就在于它是给出选择性的。弹性退休制首先尊重劳动者的意愿，不想工作、希望提早退休的老龄化劳动者是没有必要强行挽留的；而对于那些身体健康、思维活跃、经验丰富的老龄化劳动者则可大胆地开放弹性这一过程①。

为探索退休制度改革，上海市人力资源和社会保障局于 2010 年 10 月下发了《企业各类人才柔性延迟办理申领基本养老金手续的试行意见》（以下简称《试行意见》），这意味着上海正式开始探索柔性延迟申领养老金工作。《试行意见》提出，从 2010 年 10 月 1 日起，在国家法定退休年龄不变的前提下，上海企业中的各类人才都可提出延迟申领养老金，延迟年龄男性一般不超过 65 周岁，女性一般不超过 60 周岁。《试行意

---

① 陈柳璇，郭将．劳动力老龄化、产业升级与中国经济增长［J］．经济研究导刊，2020（10）：3 - 6.

见》将上海企业各类人才均纳入柔性延迟申领养老金的实施范围对象，即参加本市城镇养老保险的企业中具有专业技术职务资格人员，具有技师、高级技师证书的技能人员和企业需要的其他人员；符合条件人员，到达法定退休年龄、符合在本市领取基本养老金条件的，如企业工作需要，经本人提出申请，与企业协商一致后，可以延迟申领基本养老金；劳动者到达退休年龄时，劳动合同依法终止；企业与延迟申领养老金的人员可以协商签订相关工作协议。上海在国家法定退休年龄未作调整的前提下，积极探索柔性延迟申领养老金的做法，对于发挥各类人才作用和提高个人养老保险待遇都具有重要意义。

随着我国人口老龄化的程度持续加深，《中国发展报告 2020：中国人口老龄化的发展趋势和政策》提出建立弹性退休激励机制，把退休年龄与养老金水平挂钩，鼓励低龄老年人自觉延长就业年限，减少提前退出劳动市场的行为。

五、养老并轨

现阶段，我国城镇职工按照企业单位、国家机关和事业单位不同，分别实行不同的养老保险制度，这就形成了所谓的养老双轨制。

1. 企业养老保险制度

企业养老保险主要包括两个层次：第一层次是基本养老保险，它是按国家统一政策规定强制实施的为保障广大离退休人员基本生活需要的一种养老保险制度。按现行规定，企业职工基本养老保险实行社会统筹与个人账户相结合的制度，用人单位缴纳基本养老保险费的比例为单位缴费基数的20%，职工个人的缴费比例为个人缴费基数的8%，其缴费基数为本人上年度月平均工资收入。第二层次是企业补充养老保险，它是由企业根据自身经济实力，为本企业职工建立的一种辅助性养老保险，包括企业年金等。

2. 机关、事业单位养老保险制度

现行机关以及多数事业单位养老费基本上是由政府财政或单位统包，实行待遇确定型养老金计发办法。职工退休时按照本人退休前最后一个月基本工资的一定比例计发，退休人员养老金调整与在职人员工资调整同步进行①。

我国机关事业单位实行单位退休养老制度，与企业职工养老保险制度"双轨"运行。"双轨制"在我国历史上长期存在，本与社会公平并无必然联系。但现实是同等学历、同等职称、同等技能、同等贡献的人，因为单位性质不同，退休待遇差距较大引起社会广泛关注。

虽然国务院在 2008 年曾发布《事业单位工作人员养老保险制度改革试点方案》，确定山西、浙江等 5 个省市开展事业单位养老保险制度改革试点，但多年来未获实质性进展。

养老保险双轨制一直被比作社保领域最难啃的硬骨头。称其"硬"，一是由于问题复杂、矛盾突出。企业职工早在 20 世纪末就实行了养老保险制度，而机关事业单位一直实行原来的退休制度。同属就业人员，处于不同养老制度中，最终缴费多的企业员工，退休后待遇反而低，不缴费的机关事业单位员工，退休后待遇反而较高。社会保险作为调节分配的重要手段，本应有助于公平。双轨制的存在，却在一定程度上加剧了不公平，成为近年来社会热议的焦点矛盾。称其"硬"，二是由于要推动这项改革，涉及改革者自身的利益。政府部门是改革方案的主要制订者，是改革的直接推动者；政府部门员工，恰恰是双轨制中不缴费的群体。改革者推进改革的决心有多大、能不能触动自身利益？全社会都在关注②。

———————

① 人民日报. 什么是养老双轨制［DB/OL］. (2011 - 05 - 12)［2021 - 09 - 10］. http：//192.168.30.70：957/.

② 人民日报. 养老并轨，见证改革勇气［DB/OL］. (2015 - 01 - 15)［2021 - 09 - 10］. http：//192.168.30.70：957/.

　　每年全国两会前夕，人民网都会推出"两会热点调查"，分项调查中，养老保险多轨制持续成为社保领域焦点，养老保险的改革正是建立在这样的民意基础之上。

　　2014年2月7日，时任国务院总理李克强主持召开国务院常务会议，听取关于2013年全国人大代表建议和全国政协委员提案办理工作汇报，决定合并新型农村社会养老保险和城镇居民社会养老保险，建立全国统一的城乡居民基本养老保险制度。机关事业单位工作人员养老保险制度改革启动实施，养老保险"双轨制"开始破冰。这是我国社会保险体系建设中具有里程碑意义的关键一步，也是全面深化改革的一项重大实践。

　　2015年1月14日，中国政府网公布了《国务院关于机关事业单位工作人员养老保险制度改革的决定》（国发〔2015〕2号，以下简称《决定》），明确了坚持全覆盖、保基本、多层次、可持续方针，以增强公平性、适应流动性、保证可持续性为重点，改革现行机关事业单位工作人员退休保障制度，逐步建立独立于机关事业单位之外、资金来源多渠道、保障方式多层次、管理服务社会化的养老保险体系。

　　关注已久的机关事业单位养老保险制度改革终于进入实际操作阶段，《决定》有12条，涉及的重点政策主要有9项，体现了一系列重大变革，具体有以下四个突破：

　　（1）从吃财政到三方共担。

　　"纳入改革范围的单位和人员，实行社会统筹与个人账户相结合的基本养老保险，从而根本改变了制度模式，从单位保障变为社会保障。"按照《决定》，机关事业单位及其工作人员都要缴纳养老保险费，单位按工资总额的20%缴费，个人按本人缴费工资的8%缴费，本人缴费工资高于当地职工平均工资3倍的部分不纳入缴费基数，低于平均工资60%的以60%为基数缴费，即"300%封顶、60%托底"。个人缴费全部计入个人账户，统一计息。这与企业职工基本养老保险政策是基本一致的，有利于实现制度之间的衔接。

（2）多缴多得，长缴多得。

改革后，基本养老金待遇分为两部分：一是基础养老金，以社会平均工资和本人缴费工资的平均值为基数，每缴费 1 年计发 1 个百分点，即缴费年限越长，待遇水平越高；二是个人账户养老金，累计历年个人缴费的本息，除以规定的计发月数。

从《决定》附件"个人账户养老金计发月数表"中可以看出：同样年龄退休的，计发月数相同，所以缴费越多，待遇水平越高；而同样个人账户积累的，退休越晚，计发月数越少，待遇水平越高。这是对退休养老待遇确定机制的重大改革，即由原来按"最终工资"的一定比例分档计发退休费，改为主要按照本人历年缴费多少、缴费期长短来计算养老金标准，能够充分体现个人全部职业生涯所作贡献。《决定》还指出，将会普遍发放全国统一的社会保障卡，实行基本养老金社会化发放。

（3）老新中方法不同。

对于改革后，老人、新人、中人的衔接也一直为外界所关注。总的原则是"老人老办法、新人新制度、中人逐步过渡"。"老人"是指改革前已退休的人员，原待遇维持不变，并参加今后的待遇调整。"新人"是指改革后参加工作的人员，将来退休时，基本养老金为基础养老金与个人账户养老金两部分之和。"中人"是指改革前参加工作、改革后退休的人员，是目前人数最多的群体。对他们"逐步过渡"的政策主要是两条：一是他们在改革前的没有实行个人缴费的工作年限确定为"视同缴费年限"，将来退休时在发给基础养老金和个人账户养老金的同时，再依据视同缴费年限长短等因素发给过渡性养老金；二是设定一定期限的过渡期，在过渡期内实行养老待遇新老计发办法对比，具体为"保低限高"。这样，基本可以保证原有的待遇水平不降低。

此外，改革后，机关事业单位退休人员待遇调整不再与同职级在职职工增长工资直接挂钩，而是与企业退休人员以及城乡老年居民基本养老待遇调整统筹考虑。

（4）机关事业单位与企业接续打通。

《决定》规定，参保人在机关事业单位养老保险制度内同一统筹范围转移，只转养老保险关系，不转统筹基金；在同一制度内跨统筹范围转移，或者在机关事业单位和企业之间转移养老保险关系的，要在转移个人账户累计储存额的同时转移部分统筹基金。无论哪种转移方式，工作人员转移前后的缴费年限（含视同缴费年限）连续计算。这一政策打通了机关事业单位工作人员横向流动时养老保险关系难以转续衔接的瓶颈，有利于促进人力资源的合理流动和优化配置[①]。

2015 年，机关事业单位工作人员养老保险制度改革启动实施，养老保险"双轨制"开始破冰。《人民日报》2015 年 1 月 15 日刊发的《养老并轨，见证改革勇气》一文中写道：

改革回应民众关切，彰显公平正义。养老保险并轨，机关事业单位员工从不缴费变为缴费，缴费比例与企业养老办法相同，待遇计发办法与企业养老类似。随着改革的有序推进，双轨制下"待遇差"的矛盾将逐步得到化解。社会保险将更好地体现制度公平、规则公平，发挥"稳定器"的作用，让所有参保者安享晚年。

改革注重统筹兼顾，展示改革智慧。养老并轨不是简单"拉平"，而是要使社会保险制度更加合理完善、公平公正。此次改革"一个统一、五个同步"的基本思路，突出了改革的系统性和协调性，既能有效化解矛盾，又能较好地综合平衡前后左右的各种关系，有助于形成社会共识，保证改革顺利推进。

改革是个长期的过程，不可能一蹴而就。当下，先集中解决机关事

---

① 中国共产党新闻网. 养老并轨突破了啥？［EB/OL］. （2015 - 01 - 15）［2021 - 03 - 17］http：//theory. people. com. cn/n/2015/0115/c40531 - 26389255. html.

业单位与企业养老保险制度不统一的问题，迈出了养老保险制度并轨的决定性一步。我国地区发展差异大，各个行业、各类单位情况复杂，在改革推进的过程中不可避免地还会遇到各种各样的新问题。建立更加公平可持续的社会保险制度，还要结合顶层设计，不断完善政策，理顺各方关系，为改革赢得更多共识，更好地把改革推向深入①。

面对问题不回避、不拖延，让人们感受到此次改革的勇气和诚意，体会到改革的决心和力度，更让人们对未来的改革充满信心。

2021年3月通过的《中华人民共和国国民经济和社会发展第十四个五年规划和2035年远景目标纲要》第四十九章"健全多层次社会保障体系"第一节"改革完善社会保险制度"中明确指出：健全养老保险制度体系，促进基本养老保险基金长期平衡。实现基本养老保险全国统筹，放宽灵活就业人员参保条件，实现社会保险法定人群全覆盖。完善划转国有资本充实社保基金制度，优化做强社会保障战略储备基金。完善城镇职工基本养老金合理调整机制，逐步提高城乡居民基础养老金标准。发展多层次、多支柱养老保险体系，提高企业年金覆盖率，规范发展第三支柱养老保险。推进失业保险、工伤保险向职业劳动者广覆盖，实现省级统筹。推进社保转移接续，完善全国统一的社会保险公共服务平台。

社会保障是民生安全网、社会稳定器，与人民幸福安康息息相关。"十三五"期间，我国已建成了世界上规模最大的社会保障体系。基本医疗保险覆盖13.6亿人，基本养老保险覆盖近10亿人，但是社会保障事业还存在发展不均衡、不充分的问题。"十四五"规划纲要提出，基本养老保险参保率提高到95%，体现了以人民为中心的发展思想。健全多层次社会保障体系能够进一步织密社会保障安全网，满足差异化养老保障和服务需求，促进我国社会保障事业高质量发展。

---

① 人民日报．养老并轨，见证改革勇气［DB/OL］．（2015－01－15）［2021－09－10］.http：//192.168.30.70：957/．

第六章　我国退休制度发展前瞻

　　我国"十四五"规划和2035年远景目标纲要提出，综合考虑人均预期寿命提高、人口老龄化趋势加快、受教育年限增加、劳动力结构变化等因素，按照"小步调整、弹性实施、分类推进、统筹兼顾"等原则，逐步延迟法定退休年龄，促进人力资源充分利用。

　　在国家决策层面实施渐进式延迟法定退休年龄势在必行，根据国家统一部署和各省（市、自治区）政府工作安排，2021年7月—8月全国各地陆续启动渐进式延迟法定退休年龄改革征求意见工作，集中组织召开了多场征求意见座谈会，广泛听取各级人大代表、政协委员、职工代表、妇女代表以及学校、医院、科研院所、国企、民企等单位代表意见。目前，我国31个省、市、自治区都完成了渐进式延迟法定退休年龄改革征求意见工作。

　　在征求意见过程中，各地参会代表普遍对改革遵循"小步调整、弹性实施、分类推进、统筹兼顾"的思路和方向表示赞成，特别是对小步调整和弹性退休的人性化、包容性予以认同，并围绕渐进式延迟法定退休年龄改革的重要性、必要性以及完善延迟退休改革配套政策措施等方面发表了意见建议。

　　从重要性和必要性来看，多地参会代表表示，我国已进入老龄化社会，实施渐进式延迟法定退休年龄改革是从我国经济社会发展全局出发作出的重大战略部署，是积极应对人口老龄化的重要举措，是国家在人均预期寿命提高、人口老龄化趋势加快、受教育年限增加、劳动力结构变化等形势下作出的重大决策。特别是改革开放以来，我国经济社会已经发生重大变化，人均寿命提高、受教育年限增加、老龄化趋势加快、劳动年龄人口下降，退休年龄总体偏低在一定程度上影响了经济社会发展，对此进行改革十分必要且迫在眉睫，也有利于促进人力资源充分利用，推动经济社会协调发展。

从完善延迟退休改革配套政策措施来看，多地参会代表认为，延迟退休改革是一项系统工程，牵一发而动全身，要及时对相关法律法规进行制定、修订，完善相应配套政策措施。主要关注点在于要关注大龄劳动者工作和生活，加强技能培训，加大就业帮扶力度，强化失业保障措施，加强大龄劳动者医疗保障，强化托儿育儿公共服务等；要关注改革对用人单位影响，鼓励支持用人单位招用大龄劳动力；统筹推进人事、岗位和薪酬制度改革，避免延迟退休对年轻人职业发展空间的影响；及时跟进教育、托育、托老、健康等配套公共服务政策，为职工安心工作创造条件，确保延迟退休改革平稳落地、顺利实施。

此外，安徽、江西参会代表建议完善延退后的工伤、医保、职业病预防等措施，积极与人口生育政策调整相衔接，出台托老托幼等公共服务政策规定，适度放开机关事业、企业等单位选人用人的年龄限制，调整与退休年龄相关法律法规，加强政策宣传解读，营造良好社会氛围。湖南参会代表建议，对符合条件的就业困难人员特别是灵活就业人员给予社保补贴，帮助其再就业。广西参会代表建议考虑从事劳动密集型工作的女工人延迟退休年龄问题；充分考虑待遇计发的多缴多得、长缴多得原则。甘肃参会代表建议加强有色冶金、矿山企业以及高海拔艰苦地区大龄职工的职业健康等配套措施。新疆参会代表建议，在推进延迟法定退休年龄改革过程中，需要把握好改革推进的节奏，充分考虑不同地区、不同行业、不同职业、不同岗位人员等存在的现实差异，保持政策的连续性和稳定性。

各地的改革征求意见工作如实汇集了社会各界的意见建议，凝聚了最广泛的社会共识，为国家研究制定延迟法定退休年龄改革政策提供了重要参考，为推动改革平稳落地做出了积极贡献。

为什么要延迟法定退休年龄？如何理解这些原则？人社部中国劳动和社会保障科学研究院院长金维刚在 2021 年 3 月接受《人民日报》采访时给出如下解读：

（1）延迟退休有利于积极应对人口老龄化

金维刚表示，"十四五"规划和 2035 年远景目标纲要（以下简称纲要）明确指出，延迟法定退休年龄主要是基于 4 个方面的考虑，即人均预期寿命提高、人口老龄化趋势加快、受教育年限增加、劳动力结构变化。

我国人均预期寿命已由新中国成立之初的 40 岁左右提高到 2019 年的77.3 岁，其中与退休年龄直接相关的城镇居民人均预期寿命已超过 80岁。与之相对照的是，我国职工法定退休年龄 1951 年确定后，70 年没有调整。因此，有必要根据人均预期寿命的提高对退休年龄制度进行适当的调整，使两者能够科学匹配。

2019 年年底我国 60 岁及以上人口占总人口比重已达到 18.1%，预计"十四五"时期老年人口将突破 3 亿。在人口老龄化趋势加快的背景下，如果退休年龄不做调整，意味着工作的人越来越少，退休的人越来越多，对经济社会的影响是显而易见的。

从受教育年限普遍增加看，新增劳动力中接受过高等教育的比例超过一半，劳动者平均受教育年限已达 13.7 年，开始工作的年龄不断推后。在退休年龄不变的情况下，平均工作年限缩短导致人力资源浪费、人力资本利用率降低，特别是在高校、科研机构等高学历人员集中的单位和行业，情况更为突出。

我国劳动年龄人口数量从 2012 年起开始出现下降，年均减少在 300 万人以上，并且减少幅度在加大。如果延迟退休政策适时适度推进，开发利用好规模日益庞大的老年人力资源，将在一定程度上提高劳动参与率，改善资本和劳动力配置状况。

"十四五"期间，我国人口老龄化即将从轻度进入中度老龄化阶段，这一历史性转变，必将对我国经济社会多方面产生重大而深刻的影响。因此，必须坚持系统观念，从更高层面进行前瞻性思考、全局性谋划、战略性布局，做到及早应对、科学应对、综合应对，实现经济社会协调发展。

（2）改革节奏总体平缓，个人有自主选择空间

纲要提出要坚持小步调整、弹性实施原则，如何理解？

金维刚分析，小步调整，简单理解就是延迟退休改革不会"一步到位"，而是采取渐进式改革，用较小的幅度逐步实施到位，每年延迟几个月或每几个月延迟 1 个月，节奏总体平缓。

改革前期，临近退休的人，只会延迟 1 个月或几个月，对个人工作、生活的影响不会太大。对于年轻一些的劳动者，延长的幅度虽然大一些，但距离退休的时间较长，是 10 年、20 年后的事情，那时候的社会环境、生活水平和人们的健康状况、心理状态等都会发生很多变化，个人也有比较多的时间来调整和适应。

弹性实施，也就是说延迟退休不会搞"一刀切"，不是规定每个人必须达到延迟后的法定退休年龄才能退休，而是要增加个人自主选择提前退休的空间。这也是延迟退休改革最大、最重要的一个特征。

客观地讲，不论是从不同职业群体、不同岗位的就业稳定性和工作强度看，还是从个人身体状况、家庭需求和价值追求看，都存在较大的差异，由此产生的诉求各不相同。延迟退休改革，应该充分考虑这种多

元化需求。在统一实施的基础上，结合我国的现实国情、文化传统以及历史沿革等情况，增加弹性因素，允许个人根据自身情况和条件，选择提前退休的具体时间，充分体现改革的灵活性和包容性。

（3）不同群体继续保持退休年龄差异，配套政策和保障措施需协同推进

纲要提出要坚持分类推进、统筹兼顾原则，如何理解？

金维刚认为，分类推进，意味着延迟退休不是"齐步走"，而是要与现行退休政策平稳衔接。我国现行法定退休年龄男职工60周岁、女干部55周岁、女工人50周岁，政策有所不同。实施延迟退休改革将区分不同群体，采取适当的节奏，稳步推进，逐步到位。对于现有不同职业、地区、岗位存在的一些政策差异，改革后也会保持政策延续性，确保政策调整前后有序衔接，平稳过渡。

统筹兼顾，即延迟退休不能"单兵突进"。退休年龄问题涉及经济社会方方面面，因此，延迟退休改革是一项系统工程，与之相关的配套和保障政策措施非常多，需要统筹谋划、协同推进。一方面，过去一些与退休年龄相关的政策，要随着延迟退休的施行进行相应调整；另一方面，延迟退休改革也会带来一些新的机遇、问题和挑战，需要有相应的配套措施及时跟进。例如，如何通过更有针对性的技能培训、就业帮扶等措施促进大龄劳动者就业创业；如何更大力度地对符合条件的就业困难人员特别是灵活就业人员给予社保补贴，帮助其再就业等。

延迟退休的方向已定，配套措施如何完善呢？对此，《人民日报》记者于2021年4月采访了几位权威专家。

（1）延迟退休，将坚持小步调整原则

有人认为，延迟退休意味着岗位减少，年轻人的工作将更加难找。

对此，人社部中国劳动和社会保障科学研究院副院长莫荣表示，静态看，延迟退休会对就业产生一定冲击。劳动力供给增加，自然腾退的

岗位减少，短期内大龄劳动者、灵活就业人员将面临更大的竞争压力。但这种冲击是有限的、可控的，不会挤压年轻人的就业机会。

从劳动力供给端看，我国劳动年龄人口数量已连续 8 年下降，劳动参与率持续下降。"十四五"时期，我国人口老龄化进程仍将加剧，第二次出生高峰（1962 年至 1972 年）出生的人口将进入老龄期，老年人口进一步增多，"一升一降"，在现有退休年龄政策不变的情况下，未来甚至可能会出现劳动力供给不足的情况。

从劳动力结构看，大龄劳动者与青年人就业岗位的替代性不强。"青年人的就业问题，更多取决于经济发展的结构优化和质量提升，能否提供足够的，与青年人就业能力、意愿相匹配的岗位。"莫荣说，随着我国高质量发展加快推进，特别是新技术、新业态、新模式大量涌现，经济发展带动就业的能力不断增长，青年就业有广阔空间。

中国（海南）改革发展研究院院长迟福林认为："延迟退休改革将坚持小步调整原则，若采取每年延迟几个月或者每几个月延迟 1 个月的方式，每年因延迟退休而多出来的劳动力不会太多，甚至会被每年减少的劳动力相抵消。所以，年轻人没必要过度担忧。"

（2）应加大对大龄劳动者就业的保障

迟福林介绍，我国按照以人民为中心的思想，实施就业优先的政策，已经建立了完善的就业政策和就业援助体系，对于大龄失业人员也有相应保障措施。

根据目前的失业保险制度，对参保缴费满 1 年、非因本人意愿中断就业的失业人员，可根据其参保缴费年限，发放不超过 24 个月的失业保险金；对领取失业保险金期满仍未就业且距法定退休年龄不足 1 年的人员，可继续发放失业保险金直至法定退休年龄；参加过失业保险的临近退休的大龄劳动者，可按规定享受基本生活保障，同时，对其应当缴纳的基本医疗保险费从失业保险基金中支付，个人不缴纳基本医疗保险费。

"面对日益突出的结构性矛盾，建议继续贯彻落实终身职业技能培训制度，深入推进职业技能提升行动，强化对大龄职工的岗位技能提升培训，多措并举提高大龄劳动者技能水平。"莫荣说。

"下一步应加大对大龄失业人员保障力度，助力延迟法定退休年龄改革。"莫荣说，"例如，国家可通过税收减免等政策，鼓励各类用人单位吸纳就业困难人员；通过社会保险补贴、创业担保贷款及贴息等政策，鼓励个体劳动者灵活就业和自主创业。"

中国人民大学教授曾湘泉则认为，大龄劳动者经过几十年的工作历练，有深厚的经验技术积累，在很多就业领域具有明显优势。因此不应该简单地把大龄劳动力看作企业的成本和负担。"从国际经验看，延迟退休有利于提高大龄劳动者参与率，推动'银发经济'发展，有助于提高年长劳动者的收入和消费能力，进而促进消费需求和就业增长，我国老年人力资源开发同样拥有广阔前景。"

（3）延迟退休、持续缴费，将提高退休后养老金水平

莫荣介绍，目前，我国养老金待遇计发有很强的激励机制，退休时参保人员的基本养老金由基础养老金和个人账户养老金两部分组成。多缴费1年，退休时基础养老金就提高1个百分点；晚退休1年，个人账户养老金计发月数减少、个人账户积累额多1年记账利率，月领取额增多；由于缴费和计发基数增加，待遇调整也会相应增加。

"延迟退休、继续工作、持续缴费，将会增加退休后的基本养老金水平。"莫荣说，"工作期延长了，会增加个人劳动期间工资收入，总的看，是有利于个人的。"

此外，延迟退休后，员工继续留在工作岗位，将无法回归家庭帮助子女带孩子，"生了孩子没人带"也成为社会热议的话题。

对此，迟福林坦言，受传统家庭文化影响，我国老年人在家庭照顾中发挥重要作用，尤其是在照顾隔代后代（孙辈）方面做了大量工作。

延迟退休采取的是渐进式方式，节奏总体平缓，改革前期退休的人只延迟几个月，对家庭照料和育婴活动影响非常小。而对年轻一些的劳动者，离退休还有一段时间，有较为宽裕的时间来对家庭生活进行规划。

"我们建议相关部门在实施渐进式延迟法定退休年龄的同时，同步完善育婴托幼政策，促进家政服务业更加规范，入托更加方便，切实解决女职工生育后顾之忧。"迟福林说。

中国应加快推进事业单位退休制度改革，在改革过程中，需要遵循"先易后难，先事业后行政"的思路，按照"老人老办法，中人中办法，新人新办法"的方式，分步骤对退休制度进行改革。根据国际政治经济大环境以及中国的具体国情，参照国内外退休制度改革的成功经验，建立合理的退休金增长机制、建立多层次的退休制度、提高养老保险的统筹层次、完善退休金的筹资方式、强化退休金的管理体制。

随着我国社会经济的飞速发展和综合国力的持续增强，面对人口老龄化程度不断加深的形势，相信我国退休制度会根据需要做出动态调整，构建更为完整、合理、公平的退休保障制度，保障老年群体老有所养，促进社会和谐稳定发展。

附录：全国性现行离退休法律法规规章目录（现行有效）①

法律（2）

1. 全国人民代表大会常务委员会关于授权国务院对职工退休退职办法进行部分修改和补充的决定

/1983 年 9 月 2 日发布/1983 年 9 月 2 日实施

2. 全国人民代表大会常务委员会关于批准《国务院关于工人退休、退职的暂行办法》的决议

/1978 年 5 月 24 日发布/1978 年 5 月 24 日实施

行政法规（49）

1. 国务院办公厅关于院士等杰出高级专家退休年龄问题的通知

/国办发〔2015〕4 号/2015 年 2 月 4 日发布/2015 年 2 月 4 日实施

2. 国务院办公厅关于妥善解决国有企业办中小学退休教师待遇问题的通知

/国办发〔2004〕9 号/2004 年 1 月 20 日发布/2004 年 1 月 20 日实施

---

① 北大法宝［DB/OL］. http：//https：//www. pkulaw. com/，2021 - 01 - 22；北大法意数据库［DB/OL］. http：//http：//www. lawyee. org/default. html/，2021 - 01 - 22

3. 国务院办公厅转发人事部、财政部关于 2003 年 7 月 1 日调整机关事业单位工作人员工资标准和增加离退休人员离退休费三个实施方案的通知

/国办发〔2003〕93 号/2003 年 11 月 17 日发布/2003 年 7 月 1 日实施

4. 国务院关于切实做好企业离退休人员基本养老金按时足额发放和国有企业下岗职工基本生活保障工作的通知

/国发〔2000〕8 号/2000 年 5 月 28 日发布/2000 年 5 月 28 日实施

5. 国务院办公厅关于继续做好确保国有企业下岗职工基本生活和企业离退休人员养老金发放工作的通知

/国办发〔2000〕9 号/2000 年 2 月 3 日发布/2000 年 2 月 3 日实施

6. 国务院办公厅转发人事部、财政部关于调整机关事业单位工作人员工资标准和增加离退休人员离退休费三个实施方案的通知

/国办发〔1999〕78 号/1999 年 8 月 31 日发布/1999 年 8 月 31 日实施

7. 国务院办公厅关于进一步做好国有企业下岗职工基本生活保障和企业离退休人员养老金发放工作有关问题的通知

/国办发〔1999〕10 号/1999 年 2 月 3 日发布/1999 年 2 月 3 日实施

8. 国务院关于机关、事业单位离退休人员增加离退休费的通知

/国发〔1995〕32 号/1995 年 12 月 8 日发布/1995 年 12 月 8 日实施

9. 国务院办公厅关于调整企业离退休人员离退休金有关问题的通知

/国办发〔1994〕62 号/1994 年 5 月 13 日发布/1994 年 5 月 13 日实施

10. 国务院关于调整企业离退休人员离退休金的通知

/国发〔1994〕9 号/1994 年 2 月 22 日发布/1993 年 1 月 1 日实施

11. 国务院、中央军委批转国务院退伍军人和军队离休退休干部安置

领导小组、民政部、总参谋部关于志愿兵转业实行集中交接意见的通知

/国发〔1994〕6 号/1994 年 1 月 15 日发布/1994 年 1 月 15 日实施

12. 国务院办公厅关于做好国有企业职工和离退休人员基本生活保障工作的通知

/国办发〔1993〕76 号/1993 年 11 月 5 日发布/1993 年 11 月 5 日实施

13. 国务院办公厅关于调整国务院退伍军人和军队离休退休干部安置领导小组成员的通知（1993）

/国办发〔1993〕49 号/1993 年 8 月 20 日发布/1993 年 8 月 20 日实施

14. 国务院关于机关、事业单位离退休人员增加离退休费的通知

/国发〔1992〕28 号/1992 年 5 月 15 日发布/1992 年 5 月 15 日实施

15. 国务院关于企业离退休人员增加离退休金的通知

/1992 年 5 月 15 日发布/1992 年 5 月 15 日实施

16. 国务院办公厅关于杰出高级专家暂缓离退休审批问题的通知

/国办发〔1991〕40 号/1991 年 7 月 5 日发布/1991 年 7 月 5 日实施

17. 国务院办公厅、中央军委办公厅转发民政部、总政治部等部门关于军队离休退休干部安置建房工作请示的通知

/国办发〔1991〕9 号/1991 年 2 月 1 日发布/1991 年 2 月 1 日实施

18. 国务院关于国家机关、事业单位已到离退休年龄未办离退休手续人员调整工资问题的通知

/国发〔1990〕24 号/1990 年 4 月 19 日发布/1990 年 4 月 19 日实施

19. 国务院批转劳动部、国家计委、财政部关于一九八九年国营企业工资工作和离退休人员待遇问题安排意见的通知

/国发〔1989〕83 号/1989 年 12 月 19 日发布/1989 年 12 月 19 日实施

20. 国务院办公厅关于调整国务院退伍军人和军队离休退休干部安置领导小组成员的通知

/国办发〔1988〕60 号/1988 年 10 月 4 日发布/1988 年 10 月 4 日实施

21. 国务院、中央军委关于调整军队干部退休生活费的通知

/国发〔1987〕86 号/1987 年 9 月 16 日发布/1987 年 9 月 16 日实施

22. 国务院转发财政部、劳动人事部关于严格控制发放各种补贴、津贴和制止自行提高退休待遇问题报告的通知

/国发〔1987〕1 号/1987 年 1 月 10 日发布/1987 年 1 月 10 日实施

23. 国务院关于高级专家退休问题的补充规定

/国发〔1986〕26 号/1986 年 2 月 18 日发布/1986 年 2 月 18 日实施

24. 国务院关于发给离休退休人员生活补贴费的补充通知

/国发〔1985〕52 号/1985 年 4 月 4 日发布/1985 年 4 月 4 日实施

25. 国务院关于发给离休退休人员生活补贴费的通知

/国发〔1985〕6 号/1985 年 1 月 10 日发布/1985 年 1 月 10 日实施

26. 国务院、中央军委批转民政部、总政治部关于做好移交地方的军队离休退休干部安置管理工作的报告的通知

/国发〔1984〕171 号/1984 年 12 月 3 日发布/1984 年 12 月 3 日实施

27. 国务院办公厅转发海关总署关于提高原九龙关起义人员中有特殊贡献人员退休费的请示的通知

/国办发〔1984〕75 号/1984 年 8 月 29 日发布/1984 年 8 月 29 日实施

28. 国务院、中央军委批转国防科工委等部门关于解决三线艰苦地区国防科技工业离休退休人员安置和职工夫妻长期两地分居问题的报告的通知

/国发〔1984〕76 号/1984 年 6 月 11 日发布/1984 年 6 月 11 日实施

29. 国务院办公厅转发劳动人事部、公安部、商业部、国家计委、城乡建设环保部关于离休干部跨省安置的补充规定的通知

/国办发〔1983〕96 号/1983 年 12 月 15 日发布/1983 年 12 月 15 日实施

30. 国务院办公厅转发中国民用航空局、劳动人事部、财政部关于提高"两航"起义中有特殊贡献人员退休费问题的请示的通知

/国办发〔1983〕95 号/1983 年 12 月 13 日发布/1983 年 12 月 13 日实施

31. 国务院关于调整退伍军人和军队离休退休干部安置领导小组成员的通知

/国发〔1983〕171 号/1983 年 10 月 27 日发布/1983 年 10 月 27 日实施

32. 国务院关于高级专家离休退休若干问题的暂行规定

/国发〔1983〕141 号/1983 年 9 月 12 日发布/1983 年 9 月 12 日实施

33. 国务院关于延长部分骨干教师、医生、科技人员退休年龄的通知

/国发〔1983〕142 号/1983 年 9 月 12 日发布/1983 年 9 月 12 日实施

34. 国务院办公厅转发劳动人事部关于落实西藏离休退休人员跨省安置问题的请示的通知

/国办发〔1983〕33 号/1983 年 5 月 3 日发布/1983 年 5 月 3 日实施

35. 国务院办公厅关于转发退居二线和离休退休的老干部公费旅游的做法应当改变一文的通知

/国办发〔1982〕51 号/1982 年 6 月 12 日发布/1982 年 6 月 12 日实施

36. 国务院办公厅转发国家人事局、国家劳动总局关于西藏干部、工人离休、退休、退职工作中有关问题处理意见的报告的通知

/国办发〔1982〕36 号/1982 年 4 月 24 日发布/1982 年 4 月 24 日实施

37. 国务院关于严格执行工人退休、退职暂行办法的通知

/国发〔1981〕164 号/1981 年 11 月 7 日发布/1981 年 11 月 7 日实施

38. 国务院、中央军委关于颁发《关于军队干部退休的暂行规定》的通知

/〔1981〕39 号/1981 年 10 月 13 日发布/1981 年 10 月 13 日实施

39. 国务院办公厅转发国家计委等单位关于安排军队退休干部住房建设的报告的通知

/国办发〔1981〕3 号/1981 年 1 月 12 日发布/1981 年 1 月 12 日实施

40. 国务院批转商业部、财政部、供销合作总社、国家劳动总局关于合作商店实行退休办法的报告的通知

/国发〔1978〕195 号/1978 年 9 月 29 日发布/1978 年 9 月 29 日实施

41. 国务院关于修改军队退休干部生活费标准的通知

/〔66〕国国字 58 号/1966 年 3 月 1 日发布/1966 年 4 月 1 日实施

42. 国务院批转劳动部关于因身体条件不能胜任原来工作而被调动工作的职工退休费计算问题的请示报告

/〔64〕国劳字 190 号/1964 年 4 月 30 日发布/1964 年 4 月 30 日实施

43. 国务院关于在企业、事业和机关单位中组织工人、职员广泛讨论退休处理暂行规定等四个草案的通知

/1957 年 11 月 20 日发布/1957 年 11 月 20 日实施

44. 国务院关于国家机关工作人员退休和工作年限计算等几个问题的补充通知

/（56）国直人习字第 79 号/1956 年 11 月 12 日发布/1956 年 11 月 12 日实施

45. 国务院关于同意国家机关工作人员退休后仍享受公费医疗待遇给卫生部的批复

/1956 年 6 月 29 日发布/1956 年 6 月 29 日实施

46. 国务院关于参事室参事和文史馆馆员不适用退休退职等办法的通知

/1956 年 6 月 23 日发布/1956 年 6 月 23 日实施

47. 国务院关于国家机关工作人员退休处理暂行办法

/1955 年 12 月 29 日发布/1956 年 1 月 1 日实施

48. 国务院关于颁发国家机关工作人员退休、退职、病假期间待遇等暂行办法和计算工作年限暂行规定的命令

/55 国秘字 245 号/1955 年 12 月 29 日发布/1956 年 1 月 1 日实施

49. 国务院关于处理国家机关工作人员退职、退休时计算工作年限的暂行规定

/1955 年 12 月 29 日发布/1955 年 12 月 29 日实施

司法解释（8）

1. 最高人民法院关于国家工作人员利用职务上的便利为他人谋取利益离退休后收受财物行为如何处理问题的批复

/法释〔2000〕21 号/2000 年 7 月 13 日发布/2000 年 7 月 21 日实施

2. 最高人民法院关于超过法定退休年龄的进城务工农民在工作时间内因公伤亡的，能否认定工伤的答复

/〔2012〕行他字第 13 号/2012 年 11 月 25 日发布/2012 年 11 月 25 日实施

3. 最高人民法院行政审判庭关于超过法定退休年龄的进城务工农民因工伤亡的，应否适用《工伤保险条例》请示的答复

/〔2010〕行他字第 10 号/2010 年 3 月 17 日发布/2010 年 3 月 17 日实施

4. 最高人民法院行政审判庭关于离退休人员与现工作单位之间是否构成劳动关系以及工作时间内受伤是否适用《工伤保险条例》问题的

答复

/〔2007〕行他字第 6 号/2007 年 7 月 5 日发布/2007 年 7 月 5 日实施

5. 最高人民法院研究室关于挪用退休职工社会养老金行为如何适用法律问题的复函

/法研〔2004〕102 号/2004 年 7 月 9 日发布/2004 年 7 月 9 日实施

6. 最高人民法院研究室关于执行程序中能否扣划离退休人员离休金退休金清偿其债务问题的答复

/法研〔2002〕13 号/2002 年 1 月 30 日发布/2002 年 1 月 30 日实施

7. 最高人民法院关于军队离退休干部腾退军产房纠纷法院是否受理的复函

/1991 年 1 月 30 日发布/1991 年 1 月 30 日实施

8. 最高人民法院、统战部、公安部、民政部、国家劳动总局等关于宽释转业人员安置工作后要求办理退休问题的答复

/1981 年 11 月 6 日发布/1981 年 11 月 6 日实施

部门规章（16）

1. 军队无军籍退休退职职工服务管理办法

/中华人民共和国民政部令第 57 号/2015 年 12 月 17 日发布/2016 年 2 月 1 日实施

2. 军队离休退休干部服务管理办法

/中华人民共和国民政部令第 53 号/2014 年 9 月 23 日发布/2014 年 9 月 23 日实施

3. 劳动和社会保障部、财政部关于从 2003 年 7 月 1 日起增加企业离休人员基本养老金的通知

/劳社部发〔2004〕2 号/2004 年 1 月 14 日发布/2004 年 1 月 14 日实施

4. 中国人民银行关于印发《中国人民银行离退休干部工作管理办法》的通知

/银发〔2000〕14 号/2000 年 1 月 6 日发布/2000 年 1 月 6 日实施

5. 国务院机关事务管理局印发《中央国家机关行政单位离退休经费管理办法》的通知

/〔98〕国管财字第 210 号/1998 年 9 月 4 日发布/1998 年 9 月 4 日实施

6. 机械部关于有专长的离退休人员出国执行公务的暂行规定

/机械外〔1997〕816 号/1997 年 10 月 27 日发布/1997 年 10 月 27 日实施

7. 财政部关于印发《行政单位离退休经费管理办法》的通知

/财社字〔1997〕66 号/1997 年 6 月 24 日发布/1997 年 6 月 24 日实施

8. 对外贸易经济合作部关于进一步做好干部退（离）休工作的通知

/〔1996〕外经贸人发第 555 号/1996 年 8 月 23 日发布/1996 年 8 月 23 日实施

9. 邮电部门退休干部工作暂行规定

/邮电部 1996 年 4 月 15 日发布/1996 年 4 月 15 日实施

10. 文化部关于印发《文化部直属艺术表演团体离退休人员管理试行办法》的通知

/文干发〔1996〕8 号/1996 年 1 月 10 日发布/1996 年 1 月 10 日实施

11. 气象部门退休干部工作暂行规定

/国家气象局 1993 年 3 月 1 日发布/1993 年 3 月 1 日实施

12. 民政部军队离休退休干部休养所暂行规定

/民政部 3 号令/1990 年 7 月 18 日发布/1990 年 7 月 18 日实施

13. 人事部关于高级专家退（离）休有关问题的通知

/1990 年 2 月 27 日发布/1990 年 2 月 27 日实施

14. 劳动人事部关于贯彻执行《国务院关于高级专家离休退休若干问题的暂行规定》的说明

/1983 年 12 月 3 日发布/1983 年 12 月 3 日实施

15. 财政部劳动人事部关于提高职工退休费、退职生活费的最低保证数的规定

/1983 年 6 月 28 日发布/1983 年 6 月 28 日实施

16. 劳动人事部关于已经退职干部能否再办离休问题的通知

/劳人老〔1982〕5 号/1982 年 10 月 5 日发布/1982 年 10 月 5 日实施

军事法规规章（20）

1. 中央军委印发《关于加强新时代军队离退休干部工作的意见》

/2019 年 12 月 3 日发布/2019 年 12 月 3 日实施

2. 民政部、财政部、总政治部、总后勤部关于县（市、区）人民武装部干部退休安置有关问题的通知

/〔1996〕政干字第 211 号/1996 年 4 月 12 日发布/1996 年 4 月 12 日实施

3. 民政部安置司、总政治部干部部关于军队退休干部调整退休生活费问题的通知

/〔1993〕政干发字第 632 号/1993 年 12 月 14 日发布/1993 年 12 月 14 日实施

4. 民政部、财政部、总政治部、总后勤部关于给移交政府安置的军队离退休干部、退休志愿兵增加离退休费的通知

/〔1993〕政干字第 360 号/1993 年 6 月 10 日发布/1993 年 6 月 10 日实施

5. 民政部、人事部、财政部、总政治部、总后勤部关于解决军队部

分离休退休干部生活待遇问题的通知

/〔1992〕政干字第 417 号/1992 年 12 月 27 日发布/1992 年 12 月 27 日实施

6. 民政部安置司、总政治部干部部关于移交政府安置管理的军队离退休干部生活待遇上几个问题的通知

/〔1992〕政干发字第 378 号/1992 年 11 月 20 日发布/1992 年 11 月 20 日实施

7. 民政部、财政部、卫生部、总后勤部关于进一步做好军队无军籍退休退职职工安置工作的通知

/民安发〔1992〕23 号/1992 年 8 月 12 日发布/1992 年 8 月 12 日实施

8. 人事部、民政部、财政部、总政治部、总后勤部关于军队职工的军队服务津贴可作为计发离休退休费基数问题的通知

/〔1990〕后司字第 412 号/1990 年 10 月 8 日发布/1990 年 10 月 8 日实施

9. 总政治部、民政部关于贯彻国务院、中央军委《关于调整军队干部退休生活费的通知》若干问题的处理意见

/〔1988〕政离字第 5 号/1988 年 4 月 6 日发布/1988 年 4 月 6 日实施

10. 国务院、中央军委关于调整军队干部退休生活费的通知

/国发〔1987〕86 号/1987 年 9 月 16 日发布/1987 年 9 月 16 日实施

11. 总政治部、国家科委、民政部、财政部关于军队高级专家离休退休若干问题的通知

/〔1987〕政干字第 364 号/1987 年 9 月 10 日发布/1987 年 9 月 10 日实施

12. 民政部、总政治部关于《国务院、中央军委关于军队干部退休的暂行规定》的实施细则

/民〔1983〕安 56 号等/1983 年 6 月 21 日发布/1981 年 10 月 1 日实施

13. 劳动人事部工资局、民政部安置局、总后勤部财务部关于 1982 年军队转业、退休干部调级后补发工资和退休生活费事的通知

/劳人薪局〔1983〕41 号、〔83〕财工字第 215 号/1983 年 5 月 5 日发布/1983 年 5 月 5 日实施

14. 国务院、中央军委关于颁发《关于军队干部退休的暂行规定》的通知

/〔1981〕39 号/1981 年 10 月 13 日发布/1981 年 10 月 13 日实施

15. 民政部、总政治部关于当前军队干部退休工作中一些问题的处理意见

/〔81〕政干字第 238 号/1981 年 7 月 24 日发布/1981 年 7 月 24 日实施

16. 国家劳动总局、总参谋部、总政治部、总后勤部关于做好军队编内工人退休、退职工作的通知

/〔80〕劳总计字 99 号、〔80〕参务字第 53 号、〔80〕政组字第 85 号、〔80〕后财字第 713 号/1980 年 6 月 18 日发布/1980 年 6 月 18 日实施

17. 总后财务部关于附加工资是否计发退休费、退职生活费问题的答复意见

/1980 年 4 月发布

18. 总后勤部关于军队干部退休待遇问题的批复

/〔75〕后财字第 1266 号/1975 年 11 月 10 日发布/1975 年 11 月 10 日实施

19. 总后勤部供应部关于"专职从事革命工作满二十年"享受"特殊贡献"退休待遇问题的解答

/〔73〕供财字第 2109 号/1973 年 12 月 13 日发布/1973 年 12 月 13

日实施

20. 总后勤部关于职工退休工龄计算问题的通知

/〔63〕财字第 1613 号/1963 年 7 月 9 日发布/1963 年 7 月 9 日实施

党内法规（22）

1. 中共中华全国供销合作总社党组印发《关于进一步加强和改进离退休干部工作的实施意见》的通知

/2017 年 7 月 31 日发布/2017 年 7 月 31 日实施

2. 中共中央组织部、人力资源社会保障部关于机关事业单位县处级女干部和具有高级职称的女性专业技术人员退休年龄问题的通知

/组通字〔2015〕14 号/2015 年 2 月 16 日发布/2015 年 3 月 1 日实施

3. 中共教育部党组关于加强和改进新形势下离退休干部工作的意见

/教党〔2011〕19 号/2011 年 7 月 5 日发布/2011 年 7 月 5 日实施

4. 中共中央办公厅、国务院办公厅关于转发劳动和社会保障部等部门《关于积极推进企业退休人员社会化管理服务工作的意见》的通知

/中办发〔2003〕16 号/2003 年 6 月 19 日发布/2003 年 6 月 19 日实施

5. 中共中央组织部、人事部、劳动和社会保障部、财政部关于给部分离退休专家发放生活补贴的通知

/组通安〔1999〕11 号/1999 年 2 月 13 日发布/1999 年 1 月 1 日实施

6. 中共中央宣传部、劳动和社会保障部关于印发《国有企业下岗职工和再就业工作宣传提纲》与《确保企业离退休人员基本养老金按时足额发放工作宣传提纲》的通知

/中宣发〔1999〕2 号/1999 年 1 月 19 日发布/1999 年 1 月 19 日实施

7. 中共中央组织部、民政部、财政部、人事部等关于给移交政府安置的军队离休退休干部和退休志愿兵增加离退休费的通知

/〔1997〕政联字第 3 号/1997 年 3 月 14 日发布/1997 年 3 月 14

日实施

8. 中共中央组织部、人事部、财政部关于在京中央国家机关及所属事业单位离退休人员增加离退休费的通知

/人薪发〔1994〕45 号/1994 年 10 月 11 日发布/1994 年 10 月 11 日实施

9. 财政部、中共中央组织部、民政部等关于移交政府安置的职务等级不明确的军队离休退休干部按照相应职务等级增加离休退休费的办法

/〔94〕财社字第 19 号/1994 年 9 月 1 日发布/1994 年 9 月 1 日实施

10. 财政部、中共中央组织部、民政部等印发《关于调整移交政府安置的军队离休退休干部和退休志愿兵生活待遇实施办法》的通知

/1994 年 9 月 1 日发布/1994 年 9 月 1 日实施

11. 中共中央组织部老干部局、民政部安置司、人事部离休退休司、总政治部干部部关于及时落实移交政府安置的军队离休干部生活待遇问题的通知

/〔1993〕政干发字第 503 号/1993 年 8 月 25 日发布/1993 年 8 月 25 日实施

12. 中共公安部委员会关于严格执行现役干部离退休制度的通知

/公委通字〔1993〕10 号/1993 年 4 月 24 日发布/1993 年 4 月 24 日实施

13. 中组部老干部局、民政部安置司、人事部离休退休司、总政治部老干部局关于贯彻中办发〔1991〕11 号和（1992）政老字第 1 号文件中一些具体问题的处理意见

〔1992〕政老发字第 57 号/1992 年 6 月 17 日发布/1992 年 6 月 17 日实施

14. 中共中央组织部、人事部印发《关于加强干部退休工作的意见》的通知

/人退发〔1992〕11 号/1992 年 5 月 28 日发布/1992 年 5 月 28 日

实施

15. 中央组织部、人事部关于一九八九年国家在职工作人员调整工资和离退休人员增加离退休费审批手续的通知

/人薪发〔1990〕4 号/1990 年 1 月 20 日发布/1990 年 1 月 20 日实施

16. 中共中央组织部、人事部关于认真执行干部退（离）休制度有关问题的通知

/中组发〔1988〕9 号/1988 年 8 月 25 日发布/1988 年 8 月 25 日实施

17. 中共中央组织部、劳动人事部关于女干部离休退休年龄问题的通知

/1987 年 5 月 29 日发布/1987 年 5 月 29 日实施

18. 中共中央组织部、中共中央统战部关于确定建国前民主党派成员参加革命工作时间和享受离休待遇的有关规定

/中组发〔1985〕1 号/1985 年 1 月 7 日发布/1985 年 1 月 7 日实施

19. 中共中央统战部、劳动人事部关于参加民建、工商联经济咨询等服务活动的退休成员待遇问题的通知

/统发文〔1984〕257 号/1984 年 3 月 24 日发布/1984 年 3 月 24 日实施

20. 中共中央办公厅转发中央组织部关于发挥中央、国家机关离休老干部的作用的意见

/中办发〔1982〕30 号/1982 年 10 月 11 日发布/1982 年 10 月 11 日实施

21. 中共中央关于建立老干部退休制度的决定

/中发〔1982〕13 号/1982 年 2 月 20 日发布/1982 年 2 月 20 日实施

22. 中共中央组织部关于安排和组织好离休、退休、退职党员组织生活的通知

/中组发〔1981〕17 号/1981 年 7 月 30 日发布/1981 年 7 月 30 日实施

团体规定（4）

1. 全国总工会关于进一步加强退休职工管理服务工作的通知

/工总保字〔1993〕14 号/1993 年 8 月 2 日发布/1993 年 8 月 2 日实施

2. 全国总工会、劳动部关于印发《关于加强企业退休职工管理服务工作的报告》的通知

/工总劳字〔1989〕3 号/1989 年 2 月 15 日发布/1989 年 2 月 15 日实施

3. 全国总工会劳动保险部关于退休职工疗养问题的复函

/〔80〕险字 442 号/1980 年 7 月 10 日发布/1980 年 7 月 10 日实施

4. 中央精简小组办公室复关于退休干部的退休费计算问题

/〔63〕中简字第 214 号/1963 年 7 月 25 日发布/1963 年 7 月 25 日实施

行业规定（4）

1. 中国农业发展银行总行机关退休干部管理暂行办法

/1999 年 11 月 1 日发布/1999 年 11 月 1 日实施

2. 中国农业发展银行关于认真执行国家规定的退休条件严格禁止提前退休的通知

/农发行字〔1999〕58 号/1999 年 3 月 5 日发布/1999 年 3 月 5 日实施

3. 中国人民保险公司关于印发《关于执行干部离退休制度有关问题的暂行规定》的通知

/保发〔1995〕17 号/1995 年 2 月 20 日发布/1995 年 2 月 20 日实施

4. 建设银行总行机关干部退（离）休暂行办法

/建人字〔1990〕第 69 号/1990 年 8 月 4 日发布/1990 年 7 月 1 日实施

参考文献

专著

1. 贾岩．简明老年学辞典［M］．北京：中国商业出版社，1990．

2. 韩玉敏．新编社会学辞典［M］．北京：中国物资出版社，1995．

3. 《东陆学林》编委会．东陆学林第25辑［M］．昆明：云南大学出版社，2016．

4. 王文素．中国古代社会保障研究［M］．北京：中国财政经济出版社，2009．

5. 财政部工业交通财务司．中华人民共和国财政史料（第五辑）国营企业财务：1950—1980［M］．北京：中国财政经济出版社，1985．

6. 陈云．陈云文选　第三卷第五分册［M］．北京：人民出版社，2005．

7. 邓小平．邓小平文选　第二卷［M］．北京：人民出版社，1994．

8. 黎小江，莫世祥．澳门大辞典［M］．广州：广州出版社，1999．

年鉴

1. 国家统计局人口与就业统计司，劳动部综合计划与工资司．中国劳动统计年鉴［M］．北京：中国统计出版社，1994．

2. 国家统计局人口和就业统计司，人力资源和社会保障部规划财务司 . 中国劳动统计年鉴［M］. 北京：中国统计出版社，2021.

硕士论文

1. 陈伟庆 . 元代致仕制度研究［D］. 广东：暨南大学，2009.

2. 聂智昊 . 明代致仕制度研究［D］. 吉林：吉林大学，2012.

3. 杨吟华 . 中国退休制度演变的制度分析［D］. 江苏：苏州大学，2008.

4. 张志新 . 建国以来我国事业单位退休制度研究［D］. 山西：山西大学，2012.

5. 李西 . 我国机关事业单位退休制度改革路径研究［D］. 湖北：武汉科技大学，2012.

期刊文章

1. 欧磊 . 明代官员致仕情况初探［J］. 兰州学刊，2008（12）：129—131.

2. 马文瑞 . 关于"国务院关于工人、职员退休处理的暂行规定（草案）"的说明［J］. 劳动，1957（23）：4—5.

3. 古钺 . 机关事业单位退休保障制度的四季变迁——新中国社会保险史话之三［J］. 中国社会保障，2019（03）：12—13.

4. 宋任穷 . 干部队伍"四化"方针的提出和形成［J］. 党建研究，1996（06）：10—12.

5. 赵立新 . 英国养老保障制度［J］. 中国人大，2018（21）：51—54.

6. 王战 . 法国退休制度的演变及改革困局［J］. 人民论坛，2020（11）：135—137.

7. 田雅琼 . 俄罗斯养老储蓄金制度改革［J］. 俄罗斯学刊 . 2022，

12 (03)：101—119.

8. 张慧智，金香丹. 韩国多支柱养老保障体系改革及启示［J］. 人口学刊，2017，39（02）：68—77.

9. 詹军，乔钰涵. 韩国的人口老龄化与社会养老政策［J］. 世界地理研究，2017，26（04）：49—61.

10. 王阳. 中韩积极应对人口老龄化的比较研究［J］. 上海城市管理，2019，28（04）：79—85.

11. 樊天霞，徐鼎亚. 美国、瑞典、新加坡养老保障制度比较及对我国的启示［J］. 上海大学学报（社会科学版），2004（03）：84—89.

12. 徐则荣. 老龄化背景下我国实行弹性退休制度的思考［J］. 学术评论，2013（01）：82—87.

13. 李珊，陈连冬. 浅谈新加坡的退休养老基本政策与养老现状［J］. 养生大世界，2020（5）：43—46.

14. 游志斌. 澳大利亚的"退休统筹管理"制度［J］. 决策探索（下半月），2014（04）：82—83.

15. 郭福栓. 我国提前退休政策状况分析及建议［J］. 财会研究，2009（09）：71—73.

16. 陈柳璇，郭将. 劳动力老龄化、产业升级与中国经济增长［J］. 经济研究导刊，2020（10）：3—6.

数据库

1. 中国大百科全书（第一版）［DB/OL］. http：//h. bkzx. cn.

2. 中国大百科全书（第二版）［DB/OL］. http：//h. bkzx. cn.

3. 中国基本古籍库［DB/OL］. http：//192. 168. 30. 70/guji. html.

4. 人民日报［DB/OL］. http：//192. 168. 30. 70：957/.

5. 国研网［DB/OL］. http：//data. drcnet. com. cn.

6. 北大法宝［DB/OL］. http：//www. pkulaw. com.

7. 北大法意数据库［DB/OL］. http：//www. lawyee. org.

电子资源

1. 开封市人力资源和社会保障局. 退休使用手册第一部分离退休概述［EB/OL］.（2011 – 01 – 25）［2021 – 01 – 28］. http：//rsj. kaifeng. gov. cn/news/5490. cshtml.

2. China – Economic Indicators［EB/OL］.［2022 – 10 – 09］. https：//tradingeconomics. com/china/retirement – age – men.

3. 强制性公积金计划管理局.《职业退休计划条例》［EB/OL］.（2021 – 02 – 18）［2021 – 03 – 06］. https：//www. mpfa. org. hk/tch/orso/legislation/orso/index. jsp.

4. 香港政府一键通立法会福利事务委员会现行社会保障与退休保障制度的关系［EB/OL］.（2016 – 02 – 22）［2023 – 07 – 12］. https：//www. legco. gov. hk/yr15 – 16/chinese/panels/ws/papers/ws 20160222cb2 – 893 – 1 – c. pdf.

5. Hong Kong – Economic Indicators［EB/OL］.［2022 – 10 – 10］. https：//tradingeconomics. com/hong – kong/indicators.

6. 人民网. 香港金发局建议完善强积金制度提升市民退休保障水平［EB/OL］.（2019 – 02 – 15）［2021 – 02 – 08］. http：//hm. people. com. cn/n1/2019/0215/c42272 – 30677666. html.

7. 中央人民政府驻澳门特别行政区联络办公室. 澳门社会保障基本情况［EB/OL］.（2014 – 11 – 15）［2021 – 02 – 01］. http：//hm. people. com. cn/n/2014/1204/c391081 – 26148694. html.

8. 中新网. 澳门出台中央公积金新规加强退休居民生活保障［EB/OL］.（2009 – 10 – 20）［2021 – 02 – 09］. https：//www. chinacourt. org/article/detail/2009/10/id/378916. shtml.

9. 澳门特别行政区政府入口网站. 澳门特区养老保障机制公众咨询 [EB/OL]. (2015 - 07 - 30) [2021 - 02 - 09]. https：//www. gov. mo/zh - hans/news/127405/.

10. 美国养老金市场发展分析报告 [EB/OL]. [2022 - 10 - 12]. https：//max. book118. com/html/2022/0617/7153161003004133. shtm.

11. United States - Economic Indicators [EB/OL]. [2022 - 10 - 12]. https：//tradingeconomics. com/united - states/retirement - age - women.

12. United Kingdom - Economic Indicators [EB/OL]. [2022 - 10 - 12]. https：//tradingeconomics. com/united - kingdom/average - weekly - hours.

13. Germany - Economic Indicators [EB/OL]. [2022 - 10 - 13]. https：//zh. tradingeconomics. com/germany/retirement - age - men.

14. 中新网. 德国老龄化加剧预计 2030 年，退休老人将增加 300 万人 [EB/OL]. (2020 - 01 - 17) [2020 - 12 - 26]. http：//www. chinanews. com. cn.

15. France - Economic Indicators [EB/OL]. [2022 - 10 - 14] https：//zh. tradingeconomics. com/france/indicators.

16. 欧洲时报. 法国退休金大数据出炉 [EB/OL]. (2019 - 03 - 06) [2020 - 12 - 29]. https：//ishare. ifeng. com/c/s/7ko1AHyupPZ.

17. 经济日报. 法国公布退休制度改革方案：逐步合并 42 种退休制度 [EB/OL]. (2019 - 12 - 13) [2020 - 12 - 30]. https：//baijiahao. baidu. com/s? id = 1652759 375121255118&wfr = spider&for = pc.

18. 央视新闻. 法国政府宣布放弃 64 岁退休基准年龄，作出退休制度改革最大让步 [EB/OL]. (2020 - 01 - 12) [2020 - 12 - 31]. https：//www. cctv. com.

19. 新华网. 俄杜马通过退休制度修正案 [EB/OL]. (2018 - 09 - 27) [2021 - 01 - 11]. http：//www. xinhuanet. com/world/2018 - 09/27/

c_1123493378. htm.

20. 延迟退休：公务员"试刀"俄罗斯正式启动延迟退休［EB/OL］.（2017 - 01 - 09）［2021 - 01 - 09］. http：//www. zhicheng. com/gjcj/n/117546. html.

21. 俄财长：提高退休年龄的决定很痛苦但必须这么做［EB/OL］.（2019 - 01 - 15）［2021 - 01 - 12］. https：//www. guancha. cn/internation/2019_01_15_486979. shtml.

22. Russia - Economic Indicators ［EB/OL］.［2021 - 01 - 08］. https：//zh. tradingeconomics. com/russia/retirement - age - men.

23. 南方周末. 700 万"下流老人"背后，日本养老金为何入不敷出？［EB/OL］.（2019 - 08 - 10）［2021 - 01 - 12］. https：//static. nfapp. southcn. com.

24. 腾讯网. 日本一企业将退休年限放宽至 80 岁，延迟退休渐成各国趋势［EB/OL］.（2020 - 07 - 28）［2021 - 01 - 13］. https：//new. qq. com/omn/20200728/20200728A0UGPJ00. html.

25. Japan - Economic Indicators ［EB/OL］.［2022 - 10 - 14］. https：//tradingeconomics. com/japan/indicators.

26. 株洲新闻网. 日本拟将退休年龄延长至 70 岁［EB/OL］.（2019 - 05 - 21）［2021 - 01 - 15］. https：//zzwb. zznews. gov. cn/content/c1474696. html.

27. 北京日报. 70 岁退休时代来临？日本正式实施这一规定［EB/OL］.（2021 - 04 - 03）［2022 - 10 - 14］. https：//baijiahao. baidu. com/s？id = 1695990326694303683& wfr = spider&for = pc.

28. South Korea - Economic Indicators ［EB/OL］.［2022 - 10 - 14］. https：//tradingeconomics. com/south - korea/retirement - age - women.

29. 新浪财经. 韩国面临"人口悬崖"危机，延长或废除退休年龄成焦点［EB/OL］.（2022 - 06 - 22）［2022 - 10 - 18］. http：//finance. sina.

com. cn/money/forex/datafx/2022 − 06 − 22/doc − imizirau9969577. shtml.

30. 新加坡眼. 新加坡又调高退休年龄，真要工作到天荒地老了 ［EB/OL］. （2019 − 04 − 26）［2021 − 09 − 09］. https：//www. yan. sg/gongzoudadilaole/.

31. Singapore − Economic Indicators ［EB/OL］. ［2022 − 10 − 19］. https：//tradingeconomics. com/australia/indicators.

32. 新加坡万事通. 一文读懂新加坡公积金6大变化，巧妙利用公积金完善退休计划！［EB/OL］. （2022 − 04 − 13）［2022 − 10 − 19］. https：//www. 163. com/dy/article/H4S7Q8SJ0524A4QN. html.

33. 无忧考网. 2018 年澳洲移民养老金制度简介 ［EB/OL］. （2018 − 06 − 26）［2021 − 01 − 15］. https：//www. 51test. net/show/8973467. html.

34. Australia − Economic Indicators ［EB/OL］. ［2022 − 10 − 19］. https：//tradingeconomics. com/australia/indicators.

35. 中新网. 报告建议 2018 年开始延迟退休，2045 年延迟至 65 岁 ［EB/OL］. （2015 − 12 − 02）［2021 − 03 − 14］. https：//china. huanqiu. com/article/9CaKrnJRW3b？w＝280.

36. 第一财经. 延迟退休或将 2021 年正式实施，渐进式、弹性退休获共识 ［EB/OL］. （2020 − 11 − 27）［2021 − 03 − 02］. http：//www. 51emo. com/yaowen/20201127/112726702. html.

37. 第一财经. 延迟退休方案已趋于成熟：养老金领取机制、退休年龄怎么改 ［EB/OL］. （2020 − 11 − 26）［2021 − 03 − 04］. https：//www. yicai. com/news/100854656. html.

38. 中国共产党新闻网. 养老并轨突破了啥？［EB/OL］. （2015 − 01 − 15）［2021 − 03 − 17］ http：//theory. people. com. cn/n/2015/0115/c40531 − 26389255. html.